幼児
保育教材
♪

ステップ・アップ
リトミック

石丸由理・吉田紀子・輪嶋直幸　共著

DOREMI
MUSIC PUBLISHING CO., LTD.

も　く　じ

Step 1　いい耳をつくろう ——————————————5
10人のインディアン／きこえたかな？／10人のインディアン／できるかな？／
ピアノにチャレンジ／ピアノにチャレンジ／輪嶋先生のプレイルーム（ゴー　ストップ）

Step 2　リズム感を養おう ——————————————13
犬のおまわりさん／リズムでトン・パチン！／からだの部分をたたきましょう／
うしろのしょうめん　だーれ？／ピアノにチャレンジ／ピアノにチャレンジ／
輪嶋先生のプレイルーム（グー、チョキ、パーで　とんで　とんで）

Step 3　よりリズム感を養おう ——————————————21
うみ／ボートのり／ちゃぷちゃぷなみ／波あそび／ピアノにチャレンジ／ピアノにチャレンジ／
輪嶋先生のプレイルーム（ケンパあそび）

Step 4　バランスをとろう ——————————————29
おつかいありさん／ハイ　ポーズ！／スキップのリズム／スキップのリズムフレーズ／
ピアノにチャレンジ／ピアノにチャレンジ／輪嶋先生のプレイルーム（とおりゃんせ）

Step 5　しなやかさをつくろう ——————————————37
なべなべそこぬけ／１２３４　おやま／いろいろなゆれ方／ピアノにチャレンジ／
ピアノにチャレンジ／輪嶋先生のプレイルーム（どっちも　どっち）

Step 6　よりバランスをつけよう ——————————————45
幸せなら手をたたこう／いろいろなステップ／幸せなら手をたたこう／かたたたき／
ピアノにチャレンジ／ピアノにチャレンジ／輪嶋先生のプレイルーム（からだを　ささえよう）

Step 7　よりいい耳をつくろう ——————————————53
まねっこあそび／まねっこあそび／こぶたぬきつねこ／こぶたぬきつねこ／
おとのエレベーター／おとのエレベーター／輪嶋先生のプレイルーム（かがみあそび）

Step 8　コントロールをつけよう ―――――――――――― 61

線路はつづくよどこまでも／電車とトンネル／リズムの電車／かたかた　ひざひざ／

ピアノにチャレンジ／ピアノにチャレンジ／輪嶋先生のプレイルーム（つるさん、かめさん）

Step 9　タイミングをとろう ――――――――――――― 69

まわせまわせ／ボールまわし／うさぎとかめ／ボールをつかって／ピアノにチャレンジ／

ピアノにチャレンジ／輪嶋先生のプレイルーム（ボールあそび）

Step10　よりタイミングをみにつけよう ――――――――― 77

ひみつのたからもの／ハンカチあそび／ぞうさんのおともだち／ぞうさんのおともだち／

きょうからともだち／きょうからともだち／輪嶋先生のプレイルーム（タイミングをとって）

Step11　じゃんけんあそび ――――――――――――― 85

きらきらぼし／１２３４　ジャンケンポン／１２３４　ジャンケンポン／

１２３４　ジャンケンポン／輪嶋先生のプレイルーム（からだジャンケン）

Step12　かちまけどっち ―――――――――――――― 91

アルプス一万尺／アルプス一万尺／アルプス一万尺／まりつきジャンケン／

輪嶋先生のプレイルーム（ジャンプ　ジャンプ！）

ゆびのたいそう ――――――――――――――――――― 97

おふろにはいろう／ゆびさんとゆびさんがこっつんこ／うちゅうたんけん／

１２３４みんなであそぼう／かいけつパックンチョ／なかよしこよし／パパといっしょに／

おやゆび、こゆび／○　△　□／かたつむり／２と３　あわせていくつ？／だすもの　なーに？

親子たいそう ―――――――――――――――――――― 110

８のじまわり／親子でケンパ／だっこして、コンニチハ／ひざのおやま／じぞうたおし／

キリンあそび／もしもし、とんねるくぐり／エレベーター／ふみきりあそび

はじめに

幼児期に大切な事って何でしょう？
　　みんなと仲良く、元気に遊べること！
　　感受性の豊かな、優しい心を育てること！
　　健康なからだを作ること！
　　心で思ったことを、素直に表現できること！
などなど、たくさんありますね。
この本は、その全てを、欲張って集めてみました。

ステップが進むにつれて、楽しいリトミックがいっぱいあります。
各ステップの後ろには、輪島先生に、よりよくリトミックができるための
運動も教えていただきました。

先生方とこども達で、楽しいリトミックのレッスンをして下さい。

Step 1

いい耳を
つくろう

10人のインディアン

かけあしのリズムです。ピアノが重たくならないように弾きましょう。

10人のインディアン

高田三九三 作詞／アメリカ民謡／石丸由理 編曲

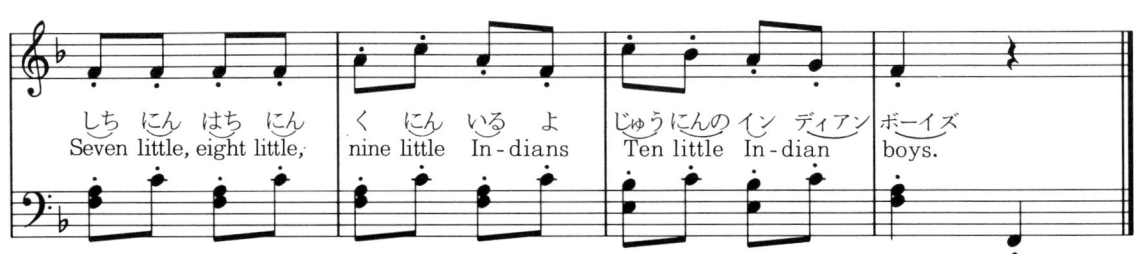

きこえたかな？

2人で向き合って、かけ足のリズムでほっぺたをつつきましょう。
同じ速さで続けてほっぺたをつつけますか？
「10人のインディアン」の歌をうたいながらやってみましょう。

チャレンジ1：　あたま！のかけ声で、両手をすぐに頭にのせます。

チャレンジ2：　おへそのかけ声で、両手ですぐおへそをかくします。

＊合図を聞き分けながら、集中力を養いましょう。
＊あたまの音はピアノの高音部を右手でかるくたたき、
　おへその音は、低音部を左手でかるくたたきましょう。

10人のインディアン

歩きのリズムで、10人のインディアンを弾いてみましょう。

10人のインディアンあるき

アメリカ民謡／石丸由理 編曲

できるかな？

チャレンジ１：音楽に合わせて好きなところに歩きましょう。
　　　　　　　タンブリンの４分音符の合図（♩）で、
　　　　　　　その場であしぶみしましょう。

　　　　　　　タンブリンの８分音符の合図（♫）で、
　　　　　　　また好きなところに歩きましょう。

チャレンジ２：カスタネットの４分音符の合図（♩）で、
　　　　　　　後ろあるきしましょう。

　　　　　　　カスタネットの８分音符の合図（♫）で、
　　　　　　　また好きなところに歩きましょう。

＊ いつも規則的に合図を入れるのではなく、いろいろなところで
　 合図がかけられるように練習しましょう。

ピアノにチャレンジ

ピアノが重たくならないように、軽くはねる気持ちで弾いてみましょう。

かけあし

石丸由理 作曲

ピアノにチャレンジ

8分音符のリズムで、できることを考えてみましょう。

　　・かけあし　つま先で飛ぶように、　　（例えば、ちょうちょになって）
　　　　　　　　海を泳ぐ、　　　　　　　（例えば、魚になって）
　　　　　　　　走る、　　　　　　　　　（例えば、乗り物に乗って）
　　・ゆれる　　そよぐ　　　　　　　　　（例えば、そよ風）
　　・手の動きを使って、　　　　　　　　（例えば、星、雨、雪）
　　　　　　　　　　　　　　　　　　　　　　　　　　　　　など

どんな動きが、可能でしょう？
　　　　　　いろいろな方向に、回転しながら、自由に、
　　　　　　つま先で、かかとで、4つ足で、
　　　　　　大またで、小またで、
　　　　　　1人で、2人で、みんなで、
　　　　　　横につながって、たてにつながって、　　　　など

8分音符のリズムの動きに合わせて、ピアノを弾いてみましょう。

弾く前に考える3つの大切な事！
　　1、どのくらいの速さで？
　　　　　運動の大きさ（運動に必要なスペース）を考えて、
　　　　　動きやすい速さで、弾きましょう。
　　2、どのくらいの強さで？
　　　　　動きに必要なエネルギーに合った音量で、弾きましょう。
　　3、どこの音域を使って？
　　　　　重心の高い動作は高い音域、重心の低い動作は低い音域で弾きましょう。

☆輪嶋先生のプレイルーム☆

ゴー　ストップ

合図をよくきいて、からだをコントロールしましょう。

ゴー
走って

ストップ
ポーズ！

チャレンジ１：　ゴー　ストップでスーパーマンポーズ。

走っている

手をついている所

スーパーマンポーズ！

チャレンジ２：　ゴー　ストップでゴキブリポーズ

走っている

手をついて横向きに　頭を打たない様に

ごきぶりポーズ！

＊上手なころび方を練習して、自分のからだを守りましょう。

Step 2

リズム感を養おう

犬のおまわりさん

リズムでトン・パチン！

2人で手あわせ：2人で向き合って、手あわせです。
　　　　　　　同じ速さで続けてできますか？

チャレンジ１：トン・パチンのリズムで練習しましょう。

トン　　　　　　　　　　　パチン

チャレンジ２：みぎ、ひだり片手づつの手あわせです。
　　　　　　　同じ速さでできるように、練習しましょう。

＊歌のリズムに、からだのリズムを合わせましょう。

からだの部分をたたきましょう

チャレンジ１：先生のまねをしながら、からだの部分をたたきましょう。

あたま、みみ、はな、かた、おなか、ひざ、つまさき、て…

チャレンジ２：４つずつまねしましょう。

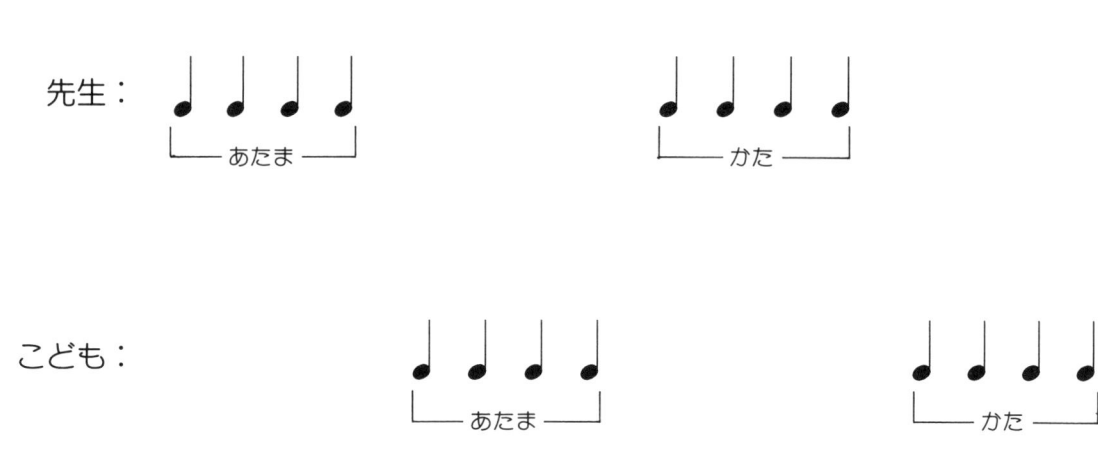

チャレンジ３：合図で、言われたところをたたきましょう。

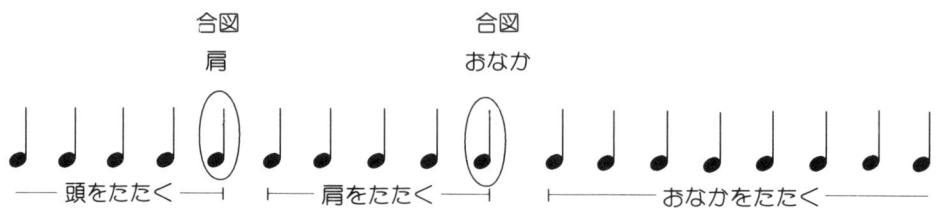

＊ リズムに合わせて、楽しく動きましょう。

うしろのしょうめん　だーれ？

円体型になり、おにが１人、円の中心に座りめかくしです。

　　　　　まいごのまいごのこねこちゃん
　　　　　　あなたのおうちはどこですか
（手をつないでぐるぐるまわります）

　　おうちをきいてもわからない
（片手でほおずえをして首を左右に４回ふる）
　　　　　　　　なまえをきいてもわからない
　　　　　（手を変えてほおずえをして首を左右に４回ふる）

　　　　ニャンニャンニャニャン　ニャンニャンニャニャン
　　　　　ないてばかりいるこねこちゃん
　　（手をつないで円の中に８歩入る、外に８歩でもどる）

　　　　いぬのおまわりさん　こまってしまって
　　　　ワンワンワワーン　ワンワンワワーン
　　（手をつないでぐるぐるまわって、うたの終わりで座る）

＊　おにの後ろの人は、動物の鳴き声をします。
　　おには後ろにいる人をあてて、交代です。

ピアノにチャレンジ

ピアノが重たくならないように、少しスタッカート気味にはねて弾きましょう。

あるく

石丸由理 作曲

ピアノにチャレンジ

4分音符のリズムで、できることを考えてみましょう。

　　・あるく　つま先で、　　（例えば、お母さんのハイヒールをはいて）
　　　　　　　かかとで、　　（例えば、ペンギン）
　　　　　　　横に、　　　　（例えば、カニ）
　　・とぶ　　両足で、　　　（例えば、うさぎ）
　　　　　　　かたあしで、
　　・たたく　手を、からだの部分を、楽器を…

どんな動きが、可能でしょう？
　　　　　　いろいろな方向に、自由に、
　　　　　　　　前に、後ろに、右に、左に、ジグザグに、波形に…
　　　　　　1人で、2人で、みんなで、
　　　　　　　　横につながって、たてにつながって…

4分音符のリズムの動きに合わせて、ピアノを弾いてみましょう。

弾く前に考える3つの大切な事！
　　　1、どのくらいの速さで？
　　　　　大人に比べてこどもは手足が短いので、動きやすい速さを考えましょう。
　　　2、どのくらいの強さで？
　　　　　動きに必要なエネルギーに合った音量を考えましょう。
　　　3、どこの音域を使って？
　　　　　重心の高い動作は高い音域、重心の低い動作は低い音域で弾きましょう。

☆輪嶋先生のプレイルーム☆

グー、チョキ、パーで とんで とんで

なわを使って、バランスよく飛び越しましょう。

チャレンジ１： 左右グーとび

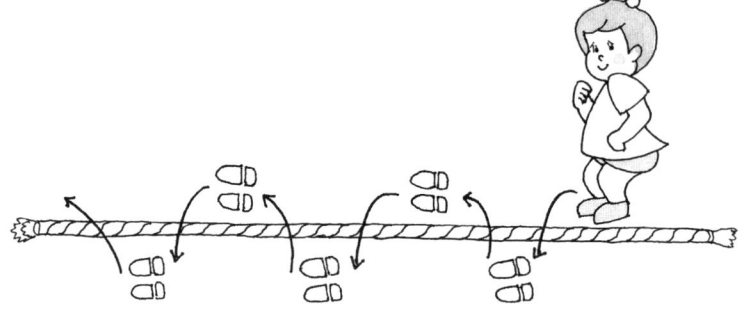

チャレンジ２： グーパーとび

チャレンジ３： グーチョキパーとび

（手もグーチョキパーで）

＊自分の意志に合わせて、からだをコントロールしよう。

Step 3

よりリズム感を養おう

うみ

うみ

林柳波 作詞／井上武士 作曲／石丸由理 編曲

ボートのり

3拍子のリズムに合わせて、ぎったんばっこんふねをこぎましょう。
腹筋を使って、リズムに合わせて練習しましょう。

2人向きあって
ぎったんばっこん

チャレンジ1：　2人で背中合わせで、やってみましょう。

背中合わせで
腕を組む

チャレンジ2：　2人で、同じ方向を見ながらボートこぎです。
　　　　　　　4小節づつで、前後の交代です。
　　　　　　　できるだけ早く動作ができるように頑張って下さい。

後ろの人は前の人の
おなかへ手をまわす

＊3拍子のリズムに慣れて、ゆれながら動作しましょう。

ちゃぷちゃぷなみ

ちゃぷちゃぷなみ

一樹和美 作詞／石丸由理 作曲

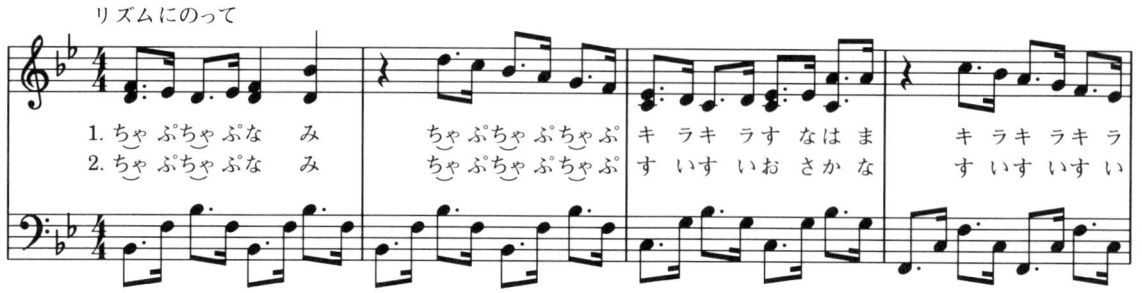

波あそび

海にあそびに来ました。
「ちゃぷちゃぷなみ」の音楽に合わせて、２人組で手をつないで、
音楽に合わせて４分音符（♩）の速さでゆれましょう。

　　　２分音符（♩）の速さの大波でゆれましょう。
　　　８分音符（♫）の速さの小波でゆれましょう。

＊　ゆっくりの音符は大きな動きで、速い音符は小さな動きで…と
　　ゆれの速さが違うと、使うスペースの広さが変わってきます。

曲終わりの「ザーブン」で、違う相手をさがして手をつなぎましょう。

チャレンジ１：ウッドブロックのリズム、♩♩♩.♫♩ がきこえたら
　　　　　　　カニさんになって横歩きをしましょう。

＊　カニさんの音楽は、「おつかいありさん」を使ってみましょう。

チャレンジ２：トライアングルのリズム、♩　♩　がきこえたら
　　　　　　　ゆっくりといろいろなところに泳いでいきましょう。

ピアノにチャレンジ

全音音階を使って、海のイメージを即興演奏してみましょう。

全音音階

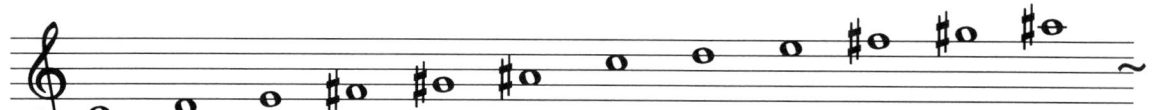

海の表面の波を表現してみましょう。

（小さな波は、となりあった2つの音で、
　　大きな波は、はなれた2つの音で）

コンブがゆれます。

（単音で音階を上がったり下がったりで）

ピアノにチャレンジ

たこ入道になって海の中を歩いてみましょう。

（低音のとなりあった音を重ねて）

海の底を歩いてみましょう。

（ペダルを十分に使って低い音域で）

海の中の様子を考えて、お話を創ってみましょう。
・青い青い海、海の上は、どんな波ですか…
・海の中の冒険です。
　　岩についているのは…
　　あら、たこ入道のおじさんが話しかけてきました。
　　みんなで海の底を歩いて見ましょう…

☆輪嶋先生のプレイルーム☆

ケンパあそび

いろいろなケンパであそんでみましょう。

ケン

パ

チャレンジ1：　4拍子のケンケンパー

ケン

ケン

パー

チャレンジ2：　3拍子のケンパッパッ

ケン

パッ　　パッ

＊からだをコントロールして、リズミカルな運動にしましょう。

Step 4

バランスを
とろう

おつかいありさん

おつかいありさん

関根栄一 作詞／団伊玖磨 作曲／石丸由理 編曲

ハイ　ポーズ！

「おつかいありさん」の歌に合わせて　トン・トン（手を2つたたいて）ポーズ！
をしてみましょう。

トン　トン
（2回拍手）

ポーズ！

チャレンジ1：　リーダーの交代。今度はこどもの先生です。

チャレンジ2：　右手と左手で、からだの違う部分をおさえましょう。

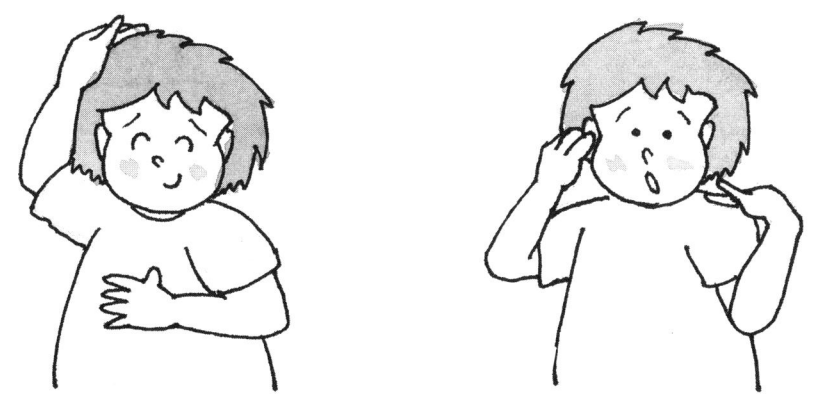

＊リズムに合わせてからだを動かしながら、次の動作を考えていきましょう。

スキップのリズム

スキップのリズムに合わせて、あそびましょう。

チャレンジ１：フープの中に入っていて、ウッドブロックのスキップ（♫）の
　　　　　　　リズムがきこえてきたら、好きなところにスキップで出かけます。
　　　　　　　ウッドブロックが止まったらすぐにフープに帰りましょう。

チャレンジ２：２人でいっしょにスキップしましょう。
　　　　　　　合図がきこえたら、反対の手につなぎかえて、スキップです。

チャレンジ３：「おつかいありさん」の歌に合わせてスキップです。
　　　　　　　ハイの合図で、今度は方向を変えて違うところにスキップです。

違うところへ

スキップのリズムフレーズ

♩ ♩ ♩ ♪ のリズムで遊んでみましょう。
コッ ツン コ

チャレンジ１：２人組で ♩ ♩ ♩ ♪ のリズムで、手合わせを練習しましょう。
　　　　　　　　　　　コッ ツン コ

チャレンジ２：その場で４回スキップをしてから、
　　　　　　　２人組で ♩ ♩ ♩ ♪ のリズムで、手合わせをしましょう。

チャレンジ３：大きな円を作って、はじめの人を決めます。
　　　　　　　はじめの人は、４回のスキップで好きなお友達の所へいきます。
　　　　　　　♩ ♩ ♩ ♪ のリズムでお友達と手合わせして交代します。
　　　　　　　はじめの人は、その場に残ります。

ピアノにチャレンジ

スキップのリズムの弾き方を練習しましょう。

チャレンジ１：スキップをしてみましょう。
　　　　　　スキップの運動は、片足２回づつの運動ですので、
　　　　　　片足ケンケンが両足どちらの足でもできることが必要です。
　　　　　　はじめの音で、大きく飛んで、次の音では小さく飛びます。
　　　　　　手がスキップするような気持ちで、今度はスキップのリズムを
　　　　　　机の上でピアノを弾くようにたたいてみましょう。
　　　　　　はじめの音で指が大きく弾んで、次の音では小さく弾んでいますか？

チャレンジ２：いろいろなパターンのスキップリズムを練習しましょう。

　　　　１）その場でのスキップ
　　　　　　２音の和音を使って、同じ音でのスキップ

ピアノにチャレンジ

2）優雅なスキップ
　　8分の6拍子の音楽で、スペースを使った大きなスキップを練習しましょう。

3）元気なスキップ
　　「おつかいありさん」の曲を練習しましょう。

☆輪嶋先生のプレイルーム☆

とおりゃんせ　とおりゃんせ

なわ、マット、平均台などを、バランスよくわたってみよう。

チャレンジ1：

チャレンジ2：

＊平衡性（バランス）をつけながら、集中力もつけましょう。

Step 5

しなやかさを
つくろう

なべなべそこぬけ

なべなべそこぬけ
わらべうた／石丸由理 編曲

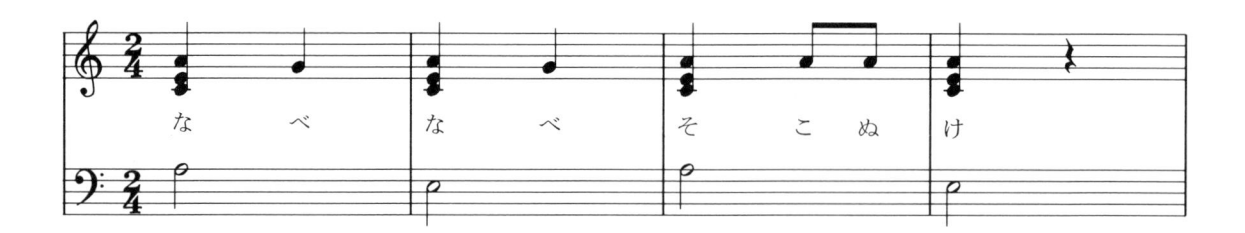

な べ な べ そ こ ぬ け
そ こ が ぬ け た ら か え り ま しょう

1234 おやま

2人で向き合って両手をリズムに合わせて振りましょう。
ゆっくりの時は大きく、はやい時は小さな動作にしましょう。

チャレンジ1：「なべなべそこぬけ」の歌にあわせて、背中合わせにひっくりかえってみましょう。

チャレンジ2：　一回転が出来ますか？

＊リズムに合わせて、からだをやわらかく使いましょう。

ゆれる動きに合わせて弾きましょう。

バイエル 曲

いろいろなゆれ方

2人組になって、いろいろなゆれ方を経験してみましょう。

チャレンジ1：2人組になって手をつないで横にゆれてみましょう。
　　　　　　ピアノが止まったら、他の人とすぐに組み替えです。

　　　ゆれ方には…
　　　　　横に（左右に）ゆれる
　　　　　前後にゆれる
　　　　　上下の方向にゆれる…他が、あります。

チャレンジ2：フレーズごとに同じ相手と違うゆれ方をしてみましょう。

チャレンジ3：3人組や4人組、1人で…などでもどんなゆれ方ができるか
　　　　　　考えてみましょう。

ピアノにチャレンジ

2分音符のリズムでゆれる曲を弾いてみましょう。

ゆれる

石丸由理 作曲

ピアノにチャレンジ

2分音符のリズムで、どんな動きが、可能でしょう？

   高い位置での動き
    ゆーらゆーらゆれる
   宇宙遊泳

   中位の位置での動き
    大またでいろいろな方向に、自由に、
    うでを大きくふって
    左右に揺れて

   低い位置での動き
    ギッタンバッコン
    掘る動作
    大きくとぶ
    しこを踏む　　　など

2分音符のリズムの動きに合わせて、ピアノを弾いてみましょう。

弾く前に考える3つの大切な事！
 1、どのくらいの速さで？
  運動にあった速さで弾きましょう。
 2、どのくらいの強さで？
  動きに必要なエネルギーに合った音量を考えましょう。
 3、どこの音域を使って？
  重心の高い動作は高い音域、重心の低い動作は低い音域で弾きましょう。

☆輪嶋先生のプレイルーム☆

どっちも　どっち

からだの前後、左右良く動きますか？

チャレンジ１：　前後の運動

チャレンジ２：　横まげの運動

左右同じ位まがりますか

チャレンジ３：　左右のねじりの運動

＊からだの前後、左右の柔軟性をつけましょう。

あわせて背骨の動かせる範囲を確保して、バランスの取れた良い姿勢をつくりましょう。

Step 6

よりバランスを
つけよう

幸せなら手をたたこう

幸せなら手をたたこう

木村利人 作詞／外国曲／石丸由理 編曲

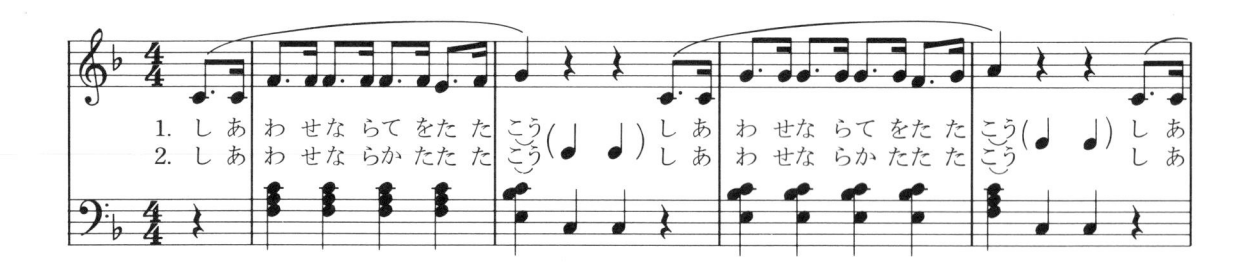

いろいろなステップ

2人で手を組み、リズムに合わせて、スキップしましょう。
4つスキップしたら、4つ歩きましょう。

スキップ　　　　　あるき

チャレンジ1：　4つスキップしたら、トントンパチンの手合わせです。

スキップ　　　　　トン　トン　パチン

チャレンジ2：　4つスキップしたら、こんどは2つツーステップします。

スキップ　　　　　ツーステップ

＊スペースを上手に使って、リズミカルに動作しましょう。

幸せなら手をたたこう

「幸せなら手をたたこう」の曲を、8分音符で弾いてみましょう。

幸せなら手をたたこう

木村利人 作詞／外国曲／石丸由理 編曲

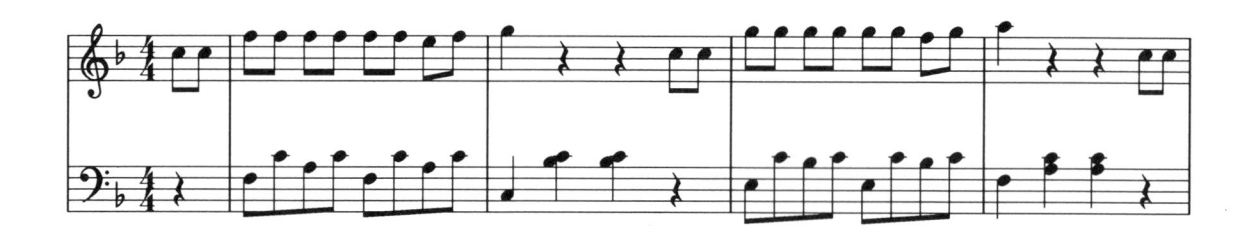

かたたたき

大きな円で遊びましょう。

チャレンジ１：大きな円を作って、はじめにかけあしをする人を決めましょう。
音楽に合わせて、お友達の所にかけあしをしていき、後ろから
トントンと２回肩たたきです。

トントン
後ろから肩たたき

＊ 肩たたきで交代の後、かけあしの人は、円の外側をかけあしです。

チャレンジ２：かけあしをする人を増やして遊んでみましょう。

チャレンジ３：バラバラの体型でも遊んでみましょう。

ピアノにチャレンジ

レッスンの中にいろいろなピアノの奏法を生かして使いましょう。

1. グリッサンド　　　　　指の爪で、鍵盤の上をすべらせて音階を速く弾きます。

　　　gliss.
　　　　　　　　　　　・元気よく立ち上がるとき
　　　　　　　　　　　・動作を始めるとき
　　　　　　　　　　　・役割、方向、パートナーを交代するとき　　　など

2. アルペジオ　　　　　　和音を同時に弾かないで、順にずらして弾きます。

　　　　　　　　　　　・やわらかい動き
　　　　　　　　　　　・ゆっくりと交代するとき
　　　　　　　　　　・場面転換　　　　　　　　　　など

3. ✗　　　　　　　　　　手のひらでピアノを軽くたたく。

　　　　　　　　　　　・動作を急に止めるとき
　　　　　　　　　　　　　重心の高い動作の時は　高音域で、
　　　　　　　　　　　　　重心の低い動作の時は　低音域で、　　　など

ピアノにチャレンジ

4. トリル　　　　　　隣り合った音や和音をすばやく交互に弾く

・役割、方向、パートナーの交代に
・2人組の合図に、　　　　　　　　など

5. 半音階を使って、　高くなるときは上に上がり、
低くなるときは下に下がります。
ピアノの速さによって、ゆっくりや、
はやくの動作ができます。
単音で、右手左手のユニゾン（同じ音）で、または
右手、左手の出発の音を変えても演奏できます。

動作に合わせて、
　　低音域から、
　　中音域から、
　　高音域で、　　など

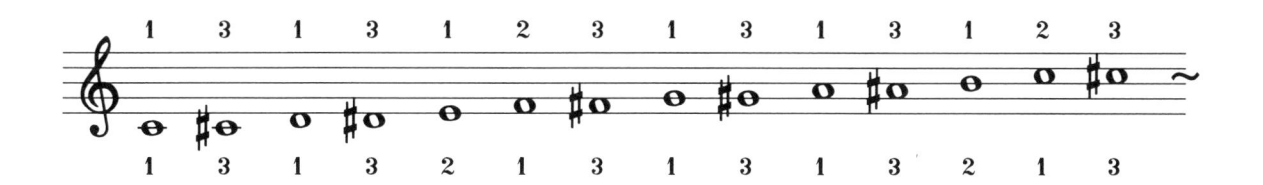

＊ 弾き方の速さ、強さ、高さなどによって、イメージが変わります。
　動きに合った、効果的な弾き方を考えてみましょう。

☆輪嶋先生のプレイルーム☆

からだを ささえよう

いろいろな動物になって、歩いてみましょう。

チャレンジ１：　片足をしっぽにして３本足で前に進みましょう。

ライオンさん

チャレンジ２：　ウサギさんみたいに手と足を使って前に進みましょう。

うさぎさん

チャレンジ３：背中あるきで進みましょう。

クモさん

＊腕の力をつけて、自分のからだを支えましょう。

Step 7

よりいい耳を
つくろう

まねっこあそび

先生の声に合わせてうたいましょう。

チャレンジ１：先生は、「○○ちゃん」といろいろなニュアンスで、
　　　　　　こどもの名前を呼びましょう。
　　　　　　名前を言われた人は、先生と同じように、
　　　　　　「はあーい」と返事をしましょう。

チャレンジ２：先生は、「○○ちゃん」と歌いながら、こどもの名前を
　　　　　　呼びましょう。
　　　　　　名前を言われた人は、先生と同じ音で、
　　　　　　「はあーい」と返事をしましょう。

（先生）り　な　ちゃん　（こども）は　ぁー　い

チャレンジ３：先生は、歌いながらこどもにボールをころがします。
　　　　　　こどもは、先生と同じ音で歌いながら、
　　　　　　ボールを先生にもどしましょう。

（先生）ど　れ　み　（こども）ど　れ　み
（ラ　ラ　ラー　　　　ラ　ラ　ラー）

まねっこあそび

チャレンジ４：先生は、音の高さを示しながら「〇〇ちゃん」と歌いながら、
　　　　　　　こどもの名前を呼びましょう。
　　　　　　　名前を言われた人は、先生と同じ音で動作もつけて、
　　　　　　　「はあーい」と返事をしましょう。

じゅ ん く ん　　　は ぁ ー い

＊ いろいろな高さの音だけでなく、大きさ、速さ、ニュアンスもかえて、
　歌ってみましょう。
＊ こどもも、先生になって問題を作ってみましょう。

こぶたぬきつねこ

こぶたぬきつねこ

山本直純 作詞／曲

こぶた（こぶた）たぬき（たぬき）きつね（きつね）ね

こ（ねこ）こぶた（ブーブー）たぬき（ポンポコポン）きつね（コンコン）ねこ（ニャーオ）

（短調で）

こぶた（こぶた）たぬき（たぬき）きつね（きつね）ね

こ（ねこ）こぶた（ブーブー）たぬき（ポンポコポン）きつね（コンコン）ねこ（ニャーオ）

こぶたぬきつねこ

「こぶたぬきつねこ」のしりとり歌であそびましょう。

チャレンジ１：リーダーの人は、動きもつけてうたってみましょう。
　　　　　　　リーダーの動きをよく見て、まねっこでうたいましょう。

チャレンジ２：動物の鳴き声や動作もまねしましょう。

　　　　　こぶた　　　ブーブー
　　　　　たぬき　　　ポンポコポン
　　　　　きつね　　　コンコン
　　　　　ねこ　　　　ニャーオ

チャレンジ３：歌の雰囲気を変えたり、
　　　　　　　他の動物のしりとりあそびも考えてみましょう。

　　　　　長調……元気に明るく
　　　　　短調……淋しく　　など

　　　　　ラッコ…コアラ…ラクダ…ダチョウ…
　　　　　　　　　　　　　　　　　　　　　　など

おとのエレベーター

おとのエレベーター

作詞者不詳／玉山英光 作曲／石丸由理 編曲

おとのエレベーター

2人で手をつなぎ、音に合わせて、上がったり下がったりしましょう。
ど、れ、み、ふぁ、そ、で だんだん高く
そ、ふぁ、み、れ、ど、で だんだん低くなります。

チャレンジ1：　音に合わせて、フープをとびましょう。

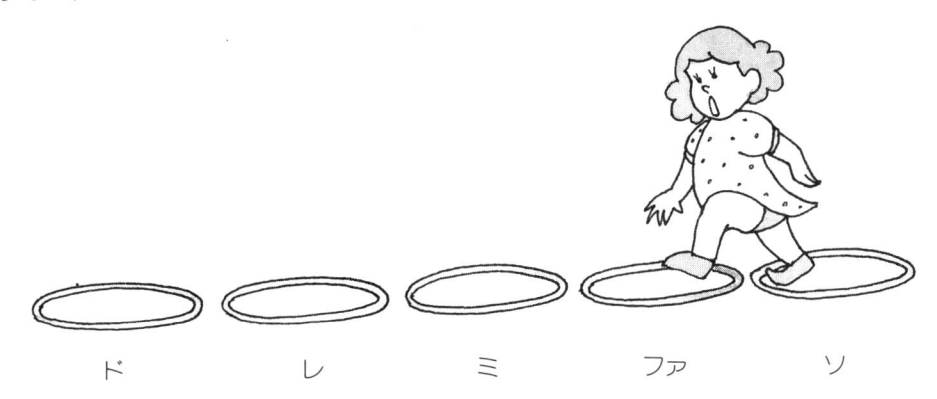

チャレンジ2：　ガラスのコップに水を入れて、音階を作ってみましょう。
　　　　　　　 できるかな？

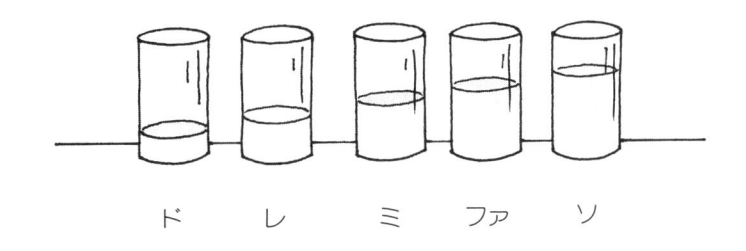

＊音の高さを聞き分ける耳をつくりましょう。

☆輪嶋先生のプレイルーム☆

かがみあそび

お母さんと同じ動きが、素早くできますか？

チャレンジ１：

（１〜４拍）
その場でリズムをとりながら
４つスキップ

（５，６拍）　　　（７，８拍）
いろいろなポーズ
すぐに真似をする

チャレンジ２：

（１〜４拍）
かいぐり

（５，６拍）

（７，８拍）
お母さんの手に
素早く手を合わせる

Step 8

コントロールを
つけよう

線路はつづくよどこまでも

線路はつづくよどこまでも

佐木敏 作詞／アメリカ曲／石丸由理 編曲

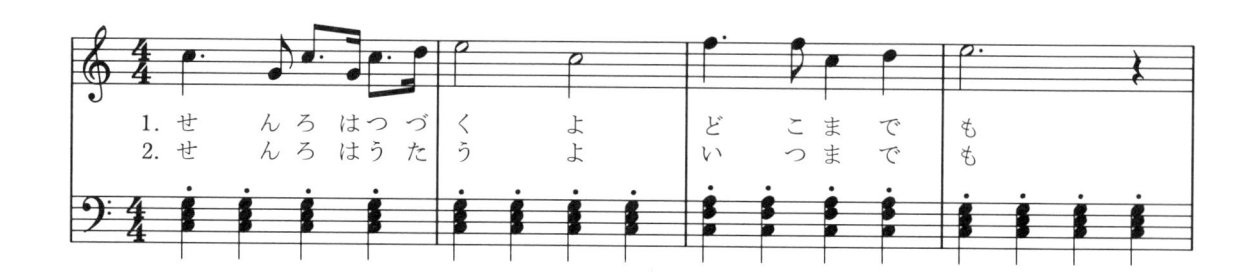

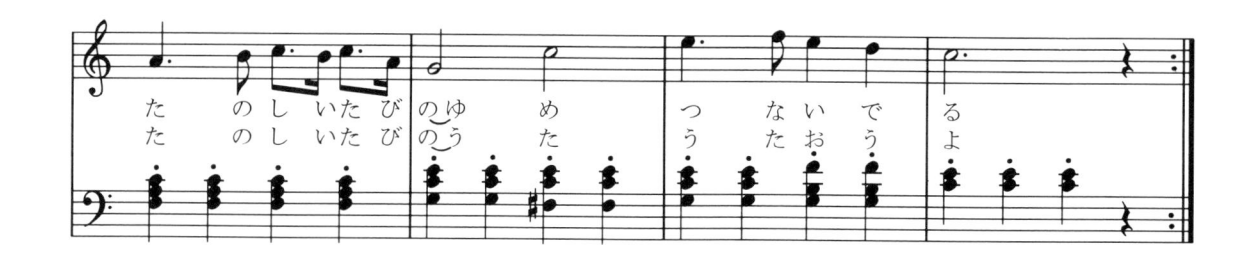

1. せんろはつづくよ どこまでも
のをこえ やまこえ たにこえて
はるかなまちまで ぼくたちの
たのしいたびのゆめ つないでうるよ

2. せんろはうたうよ いつまでも
っしゃのひびきを にいかけ
リズムにあわせて ぼくたちも
たのしいたびのうた うたおう

電車とトンネル

電車の人と、トンネルの人に分かれて遊びましょう。

チャレンジ１：２人組になり、半分のグループは電車、
　　　　　　　残りはトンネルになります。
　　　　　　　音楽に合わせて、電車は出発です。

途中のグリッサンド（参P50）で、
電車とトンネルの役割交代です。

チャレンジ２：電車が途中で止まったり、
　　　　　　　トリル（参P51）で電車の前の人と後ろの人が交代したりと
　　　　　　　合図を増やしてみましょう。

リズムの電車

いろいろなリズムで電車あそびをしましょう。

チャレンジ１：２人組で電車を作って

♩ ♩ ♩ ♩ の４分音符のリズムで歌に合わせて歩きましょう。
シュッシュッシュッシュッ

高音のトリル（参P51）の合図で、前の人と後ろの人が交代です。

チャレンジ２：今度の電車は、

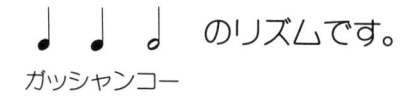

♩ ♩ ♩ のリズムです。
ガッシャンコー

２分音符の所でひざを曲げてステップします。

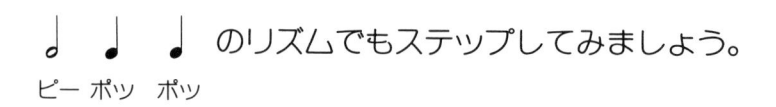

♩ ♩ ♩ のリズムでもステップしてみましょう。
ピー ポッ ポッ

かたかた　ひざひざ

リズムに合わせて肩をたたきましょう。
2人で向き合って、歌をうたいながら肩をたたきます。

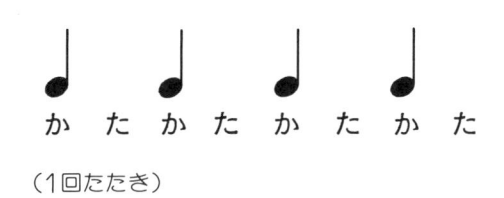

♩　♩　♩　♩
か　た　か　た　か　た　か　た

（1回たたき）

チャレンジ1：　合図で、たたきかたが変わります。

♫　♫　♫　♫
か　た　か　た　か　た　か　た

（ことばのリズムはかえずに、たたき方だけがかわります）

チャレンジ2：　2人で違うリズムでたたけますか？
　　　　　　　ひざ、みみ、などいろいろなところでもやってみましょう。

ひ　ざ　ひ　ざ
み　み　み　み
は　な　は　な

＊2つの違うリズムを、相手につられないで保てますか？

ピアノにチャレンジ

即興演奏にチャレンジしてみましょう。

チャレンジ１：４分の４拍子で指揮をしながら、好きなメロディーを
　　　　　　　口ずさんでみましょう。
　　　　　　　一番好きなメロディーを楽譜に書いてみましょう。

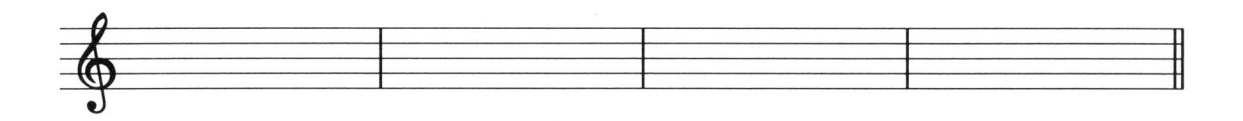

チャレンジ２：今書いたメロディーに、左手で、１つだけ音をつけます。
　　　　　　　まずはじめは、２分音符でつけます。
　　　　　　　１つの音だけでなく、いろいろな音でやってみて、
　　　　　　　一番気に入った音を楽譜に書いてみましょう。

(Step8 P6)
ピアノにチャレンジ

チャレンジ3：今度は同じ楽譜で、左手の伴奏を4分音符に変えてみましょう。
　　　　　　　1オクターブ低いところで、少し遅いテンポで弾いてみましょう。
　　　　　　　1オクターブ高いところで、少しはやいテンポで弾いてみましょう。

＊　ピアノは弾きはじめたら、絶対に止まらないこと。
　　もし間違えても、それを間違いと思わないで、
　　新しく作ったメロディーとして、どんどん弾いていく練習をしましょう。

＊　気に入ったメロディーができたら、楽譜に書き留めて練習しましょう。
　　伴奏はできるだけ単純に、少ない音で。

＊　動きを考えて、どの音域（高音域・中音域・低音域）でもメロディーが
　　弾けるように、ピアノに慣れましょう。

☆輪嶋先生のプレイルーム☆

つるさん、かめさん

大きくなったり、小さくなったりリーダーの指示で、からだをすばやく動かしてポーズをつくりましょう。

（１２３４）（５　６）（７　８）
あるいて　ツルさん　ポーズ

（１２３４）（５　６）（７　８）
あるいて　カメさん　ポーズ

チャレンジ１：　両足ジャンプでポーズの時、90度回転して片足バランスです。

チャレンジ２：　ポーズの時、180度回転して、後ろ向きになって片足バランスをしましょう。

カメさんでも出来ますよ

＊足の筋力をつけて、バランス能力を高めましょう。

Step 9

タイミングをとろう

まわせまわせ

まわせまわせ

石丸由理 作詞／作曲

リズムにのって

まわせ まわせ よ どん どん
まわせ だれの ところ に とまる か な

ボールまわし

ボールまわしで遊びましょう。

チャレンジ１：円になって座ります。
　　　　　　ボールを一つ用意して、「まわせまわせ」の曲に合わせて
　　　　　　ボールをまわします。
　　　　　　曲の終わりの「とまるかな」の「な」でボールを持っていた人は、
　　　　　　ボールを持って、みんなの後ろをかけあしで一周します。

チャレンジ２：ボールに慣れてきたら、立ってボールをまわしてみたり、
　　　　　　ついてとなりの人にボールをパスしてみましょう。

(Step9 P3)
うさぎとかめ

うさぎとかめ

石原和三郎 作詞／納所辨次郎 作曲／石丸由理 編曲

はねて

もしもしかめよ　かめさんよ

せかいのうちで　おまえほど

山登りの弾き方　　　　　　うさぎの弾き方

ボールをつかって

ころがしたり、投げたり、まずはボールに慣れましょう。
ボールに慣れたら、背中にボールをしょいましょう。

チャレンジ１：うさぎとかめの歌をうたいながらボールをしょって山登りです。

背中にしょって

チャレンジ２：足の間にボールをはさんで、ぴょんぴょんうさぎです。

ピアノにチャレンジ

中世〜16世紀頃のヨーロッパの宗教音楽に使われた教会旋法を使って、即興演奏をしてみましょう。

ドリア旋法

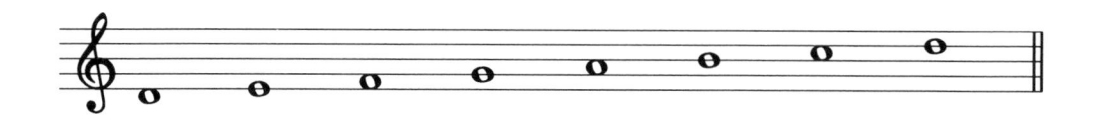

チャレンジ１：ドリア旋法を弾いてみましょう。
　　　　　　音がわかったら、好きなメロディーを口ずさんだり、
　　　　　　ピアノでメロディーを作ってみましょう。
　　　　　　気に入ったメロディーができたら、楽譜に書いてみましょう。

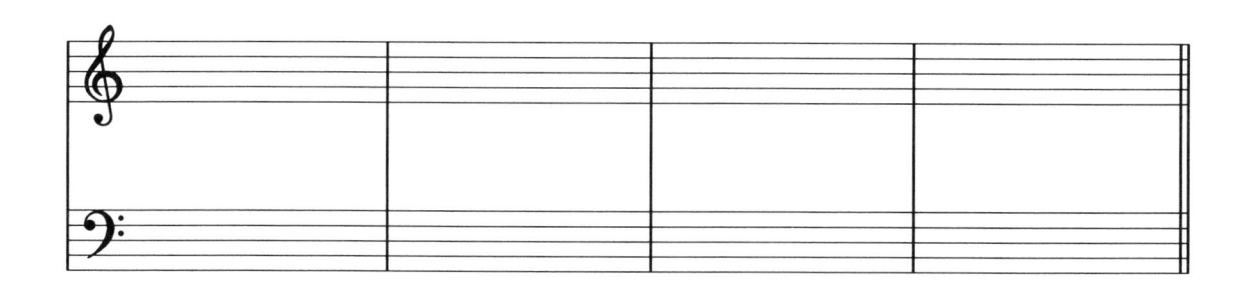

チャレンジ２：左手の伴奏をつけてみましょう。
　　　　　　①②の伴奏を弾きながら、メロディーを自由に歌ってみたり、
　　　　　　上に書き留めたメロディーと合わせて弾いてみましょう。
　　　　　　一番気に入ったものを、楽譜に書きましょう。

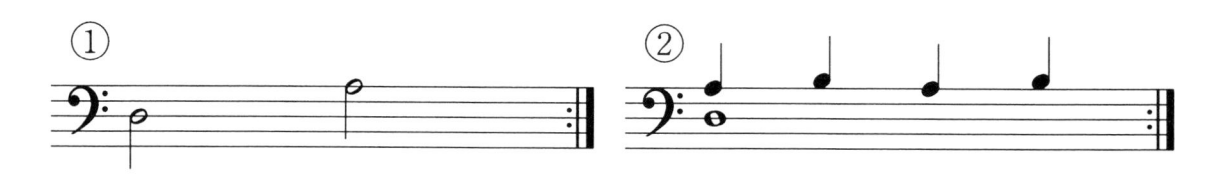

ピアノにチャレンジ

ミクソリディア旋法

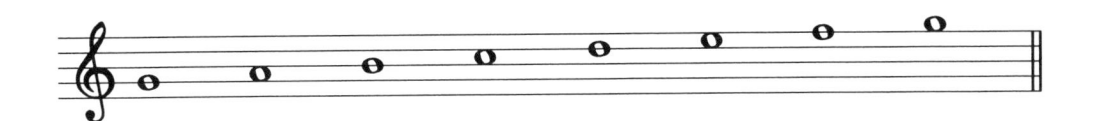

チャレンジ1：ミクソリディア旋法を弾いてみましょう。
　　　　　　音がわかったら、好きなメロディーを口ずさんだり、
　　　　　　ピアノでメロディーを作ってみましょう。
　　　　　　気に入ったメロディーができたら、楽譜に書いてみましょう。

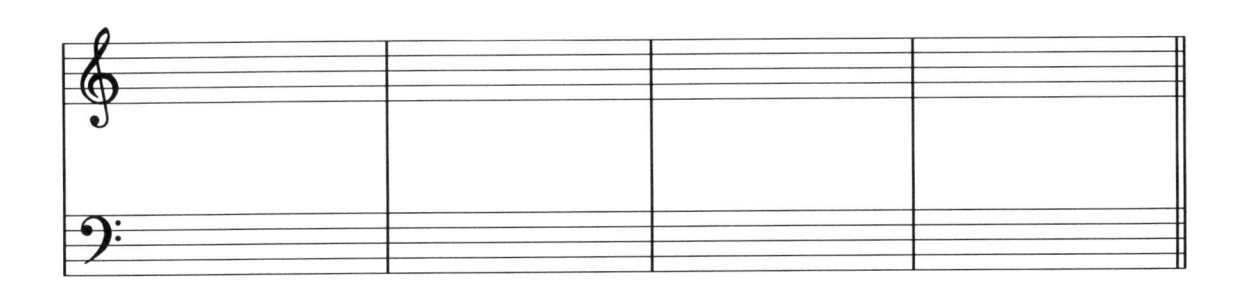

チャレンジ2：左手の伴奏をつけてみましょう。
　　　　　　①②の伴奏を弾きながら、メロディーを自由に歌ってみたり、
　　　　　　上に書き留めたメロディーと合わせて弾いてみましょう。
　　　　　　一番気に入ったものを、楽譜に書きましょう。

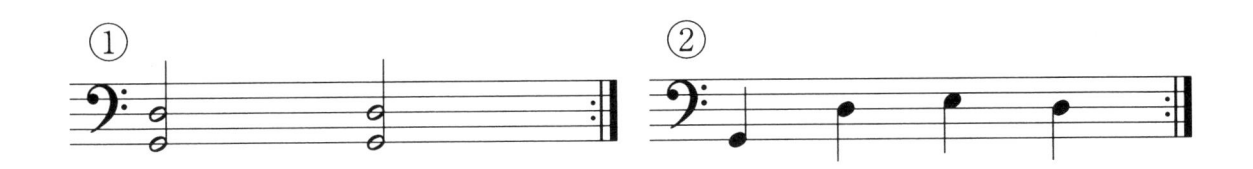

☆輪嶋先生のプレイルーム☆

ボールあそび

ボールつきのタイミングを覚えましょう。
ボールをコントロールすることは、自分のからだのコントロールが必要です。

チャレンジ１：　つきながら小さくなってみよう。

両手でつこう 　　　　　　　　　片手でつこう

チャレンジ２：

交互につこう 　　　　　　　　　肘でつこう

＊ボールであそんで、ボールにあそばれないようにしましょう。

Step 10

よりタイミングを
みにつけよう

ひみつのたからもの

ひみつのたからもの
一樹和美 作詞／石丸由理 作曲

楽しく、感じをだして
二人で向き合い一人がハンカチをまるめる

まるめたハンカチを
わたす

ひみつのひみつの たからもの そーっ とそーっ と ハイ どうぞ

ハンカチを広げてヘリコプターのように頭の上でまわす

ブルー ン ブルー ン ヘリ コ プ ター もっ と もっ と

ブ ル ル ン ルーン ブルー ン ブルー ン ヘリ コ プ ター

ハンカチを投げてもう一人がキャッチする

もっ と もっ と ブ ル ル ン ルーン 1 2 3 ソレー

ハンカチあそび

ハンカチのはじを持って、リズムに合わせて、回しましょう。

チャレンジ１：「ひみつのたからもの」の歌の終わりで、ハンカチをキャッチしましょう。

ひみつの　ひみつの　たからもの

そーっと　そーっと　ハイどうぞ

チャレンジ２：交代して、ハンカチを飛ばしてみましょう。

１、２、３、ソレー！

＊２人でタイミングを合わせて、リズミカルに遊びましょう。

ぞうさんのおともだち

ぞうさんのおともだち

石丸由理 作詞／作曲

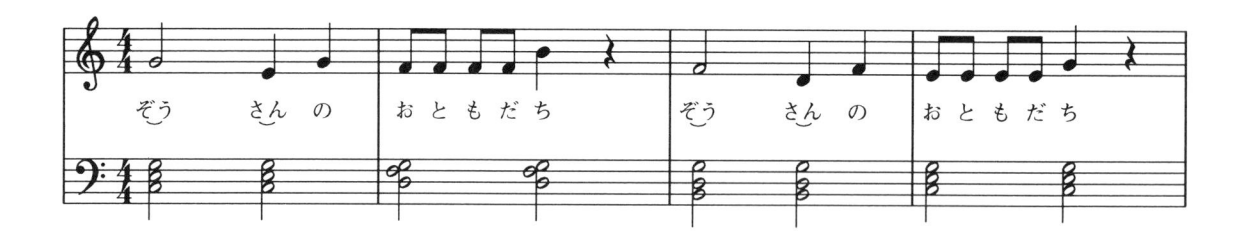

ぞう さん の おともだち ぞう さん の おともだち

もりのなかを あるいていたら おともだち を みつけたよ

ランララン ララランランランラン ランララランララランランランラン ランララン ラララランランランラン ランランランランラーンラン

ぞうさんのおともだち

「ぞうさんのおともだち」であそびましょう。

チャレンジ1：円になって座り、ぞうさんを1人決めます。
　　　　　　ぞうの人は、歌に合わせて円の外をまわります。
　　　　　　円の人は、手をつないで歌いながら手を振ります。

ぞうの人は、歌の終わりの「みつけたよ」で、
近くの人の肩に手をのせます。

「ランララ…」で、2人で手をつないで円のまわりを
かけあしします。歌の終わりで、新しいぞうさんに交代です。

＊　ぞうさんの代わりに、うさぎさん、へびさん……と
　　好きな動物に変えてあそびましょう。

きょうからともだち

きょうからともだち
一樹和美 作詞／石丸由理 作曲

そら とくもは なかよしだ のはらとむしも ともだちさ きみと ぼくも きょうからともだち なかよしさ イエーイッ

きょうからともだち

みんなで仲良く遊べるあそびです。
楽しく歌いながら遊びましょう。

そらとくもはなかよしだ
のはらとむしもともだちさ

（手をつないで、円になってまわります）

きみと

（ひざを3回たたく）

ぼくも

（3回拍手）

きょうからともだち

（となりの人と3回手合わせ）

なかよしさ

（くるりと一周）

イェーイ

（かっこいいポーズ）

☆輪嶋先生のプレイルーム☆

タイミングをとって

長なわを使って、なわにふれないように通りぬけましょう。

チャレンジ１：　大波とび

ゆかに置いてあるなわ

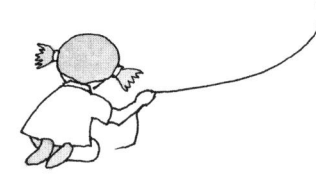

いつスタートしたらいいのかな

チャレンジ２：　トンネルくぐり

ゆかに当りパチンと音がした時にスタート

走りぬける

＊なわとびが出来る準備、なわとからだのタイミングを覚えましょう。

Step 11

じゃんけんあそび

きらきらぼし

きらきらぼし

武鹿悦子 作詞／フランス民謡／石丸由理 編曲

1.2. きら きら ひかる おそらの ほしよ

まばたき して は うたが みんなを とどくと みいてるな
みんなの

かけ足じゃんけんの弾き方

スキップじゃんけんの弾き方

1234　ジャンケンポン

「きらきらぼし」の音楽で、じゃんけんあそびをしましょう。

チャレンジ１：リズムに合わせて、４つ足踏みをして、
　　　　　　　トントン・パチンと手合わせをしましょう。

　　　トン　　　　　　　　　　トン　　　　　　　　　　パチン

チャレンジ２：４つ足踏みをして、トントン・パチンの手合わせのかわりに、
　　　　　　　じゃんけんをしましょう。

1234　ジャンケンポン

チャレンジ3：4つ足踏みをして、じゃんけんをして、負けたひとは、
　　　　　　次回はしゃがんで足踏みをしてじゃんけんです。
　　　　　　勝つまでそのままですから頑張って下さい。

チャレンジ4：4つ足踏みのかわりに、4つその場でスキップをして
　　　　　　じゃんけんをしましょう。
　　　　　　足踏みやスキップだけでなく、かけあしのリズム（8分音符）でも
　　　　　　遊んでみましょう。

＊　リズムに合わせて、楽しくじゃんけんあそびをしましょう。
　　勝ち負けがすぐわからない子供達は、チャレンジ1までです。

1234　ジャンケンポン

チャレンジ5：4つ足踏みをしてじゃんけんをします。
　　　　　その後で、
　　　　　　　　勝った人は、かっこいいポーズをします。
　　　　　　　　負けた人は、かけあしで、勝った人のまわりを一周します。
　　　　　　　　あいこの時は、2人で、その場をクルクルまわります。

チャレンジ6：8人組で、4人ずつむきあいます。
　　　　　はじめの人が4つ歩いて中央に出てじゃんけんです。
　　　　　勝った人は、負けた人を連れて自分のチームの後ろにつきます。
　　　　　負けた人は、勝った人に連れていかれます。
　　　　　あいこの時は、各々のチームの後ろにつきます。

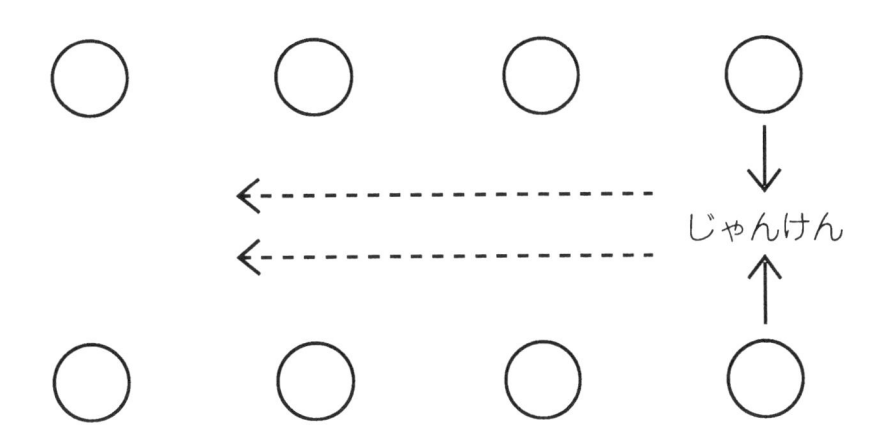

☆輪嶋先生のプレイルーム☆

からだじゃんけん

からだ全体で、グー、チョキ、パーを表現してみましょう。
いろいろな仲間を見つけてじゃんけんをして、5回勝ったらチャンピオン！

4つあるいて

じゃんけん
2回ジャンプ

グー

チョキ

パー

ポン！

Step 12

かちまけどっち

アルプス一万尺

アルプス一万尺

訳詞者不詳／アメリカ民謡／石丸由理 編曲

1. アルプス いちまんじゃく こやりのうえで あーるぺんおどりを さあおどりましょ
2. きょうのゆめ みたゆめ かいちいさいテントで りゅっくさっくを まくらにして
3. いちまんじゃくの ゆきはだれより ほしがみている どじょうがにと まざって

ランララ ラララ ランララ ラララ
ランララ ラララ ラララララー

アルプス一万尺

チャレンジ１：

ア こ （両手を合わせる） 1	ル や （右手を相手と合わせる） 2	プ り （両手を合わせる） 3	ス の （左手を相手と合わせる） 4
いち う （両手を合わせる） 5	まん ー （両手を相手と合わせる） 6	じゃ え （両手を合わせる） 7	く で （両手をひっくりかえして相手と合わせる） 8

```
1 2 3 4 5 6 7 8
ア ル ペ ン お ど り を
お ど り ま し ょ う ー
```

＊ ランラララ…のところは２人ですきなところにスキップしましょう。

アルプス一万尺

チャレンジ２：

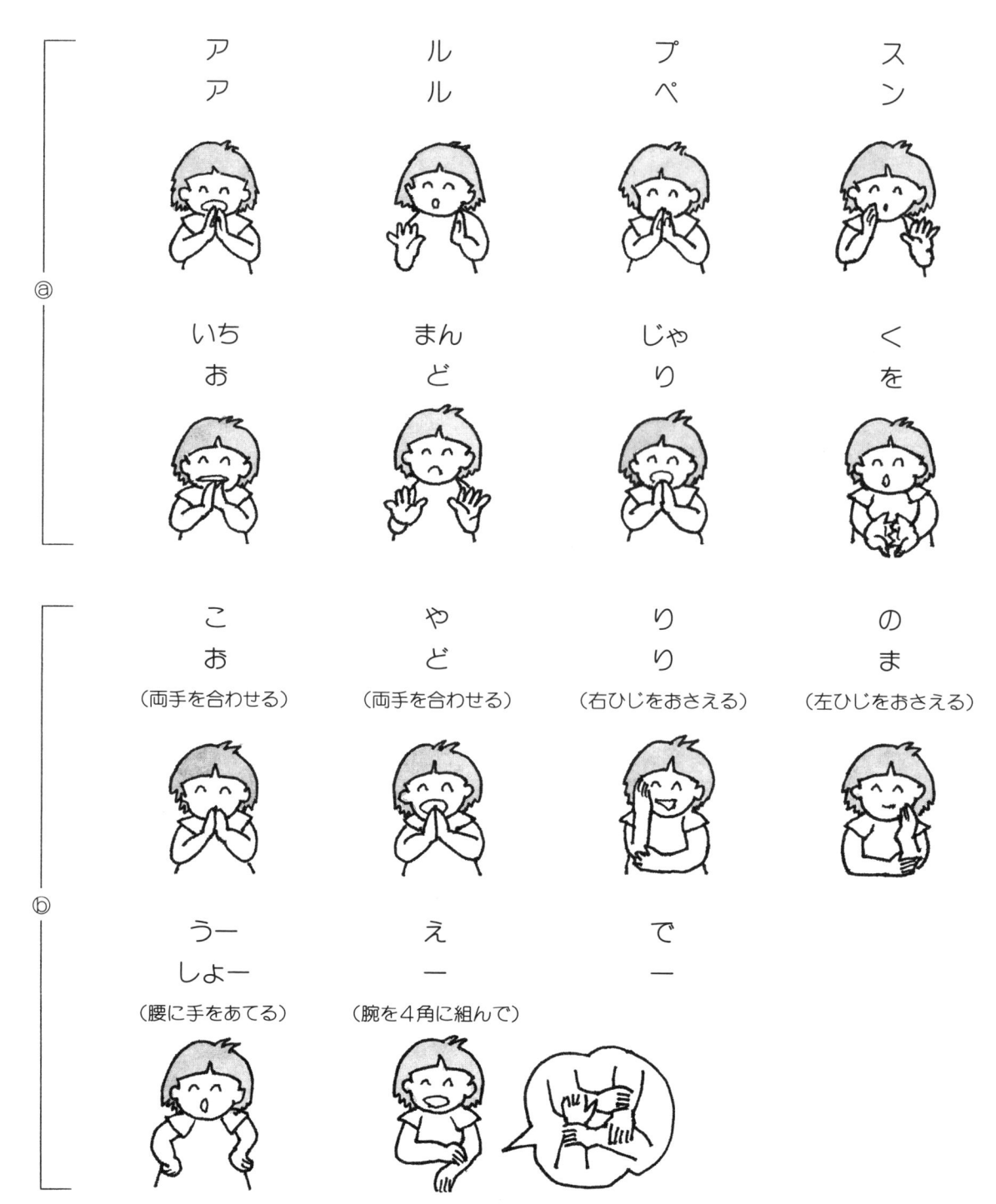

ⓐ
| ア | ル | プ | ス |
| ア | ル | ペ | ン |

| いち | まん | じゃ | く |
| お | ど | り | を |

ⓑ
こ	や	り	の
お	ど	り	ま
（両手を合わせる）	（両手を合わせる）	（右ひじをおさえる）	（左ひじをおさえる）

うー	えー	
しょー	ー	
（腰に手をあてる）	（腕を４角に組んで）	

＊ ⓐ ⓑ ⓐ ⓑ とやったら好きなところへスキップしましょう。

まりつきジャンケン

チャレンジ3：

ⓐⓑⓐでⓒにいきます

ⓐ
アアルルペプンス
いちお まんど じゃり くを

ⓑ
こ や り の
うー え で

ⓒ
おどりましょう　　ランラララ　ラララララ………★あいこのときはうでを組んでまわります

（ジャンケンをします）　（勝った人はボールをつきます。負けた人はボールになります）

＊リズミカルに運動しながら、協応性を育てましょう。

95

☆輪嶋先生のプレイルーム☆

ジャンプ　ジャンプ！

ジャンプして両手、両足を開いたり閉じたりしましょう。

チャレンジ１：　両手と両足を左右にひらく運動を、手と足を逆にしましょう。

チャレンジ２：　前後の開閉です。右足が前の時左手が前です。

1　　　2,4　　　3

＊協応性、巧緻性を身につけ、からだをコントロールしましょう。

ゆびのたいそう

手先の不器用な子ども、1人でボタンをかけたり、クツのひもむすびなどができない子供が増えてきています。動作を支配している中枢（脳）の神経系に適切な刺激を与え調整力を育てましょう。

おふろにはいろう

輪嶋直幸 作詞

10人のインディアンの曲に合わせて、人差指がおふろにはいります。

```
1. お ふ ろ に は い ろ う   か た ま で は い ろ う
2. 1つ 2つ 3つ かぞえて   4つ 5つ 6つ かぞえて
```

1.（人指し指を交互に中に入れる）　（肩の上下）　（肩の上下）
2.（右手で）　　　　　　　　　　　　　　　　　（左手で）

```
1 お ふ ろ に は い ろ う   10 ま で は い ろ う
2 7つ 8つ 9つ かぞ えて   10 ま で は い ろ う
```

1.（人指し指を交互に中に入れる）　（肩の上下）　（手は大きな円を）

2：（パー）　からはじまって右手を1本づつおやゆびから
　　　　　　そして左手を1本づつおる……

3：（パー）　からはじまって右手1左手1右手2左手2……

4：（グー）　からはじまって右手を1本づつこゆびからたてる
　　　　　　左手……

5：（グー）　からはじまって右手5左手5右手4左手4……
　　　　　　同じやり方でグーから始めてみましょう。

ゆびさんとゆびさんがこっつんこ

輪嶋直幸 作詞

おつかいありさんの曲に合わせて、ゆびとゆびをこっつんこです。

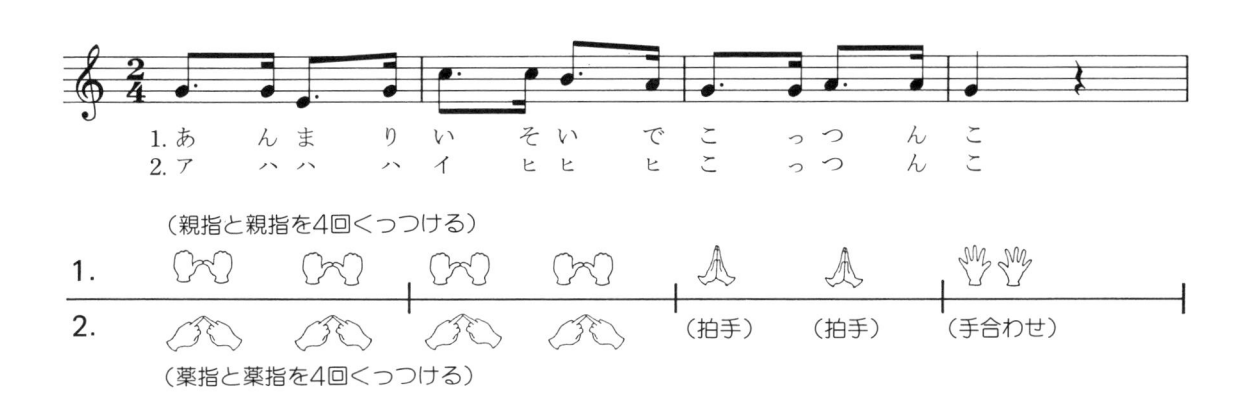

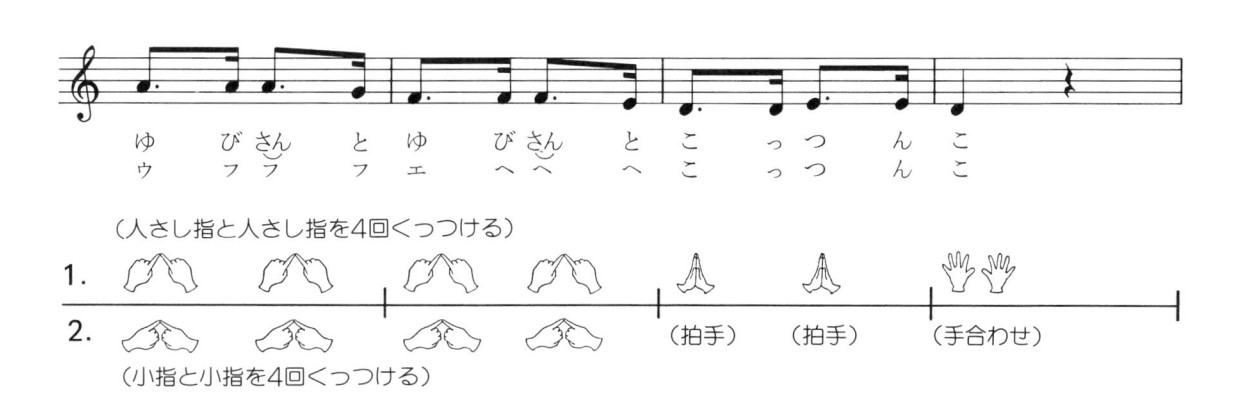

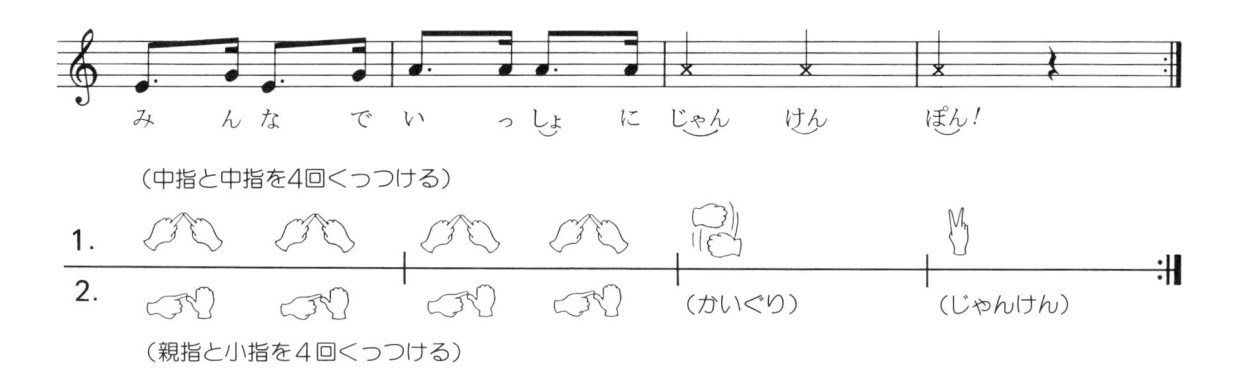

1. あんまり いそいで こっつんこ
2. アハハハ イヒヒヒ こっつんこ

（親指と親指を4回くっつける）
1. （指と指を合わせる×4）（拍手）（拍手）（手合わせ）
2. （指と指を合わせる×4）（拍手）（拍手）（手合わせ）
（薬指と薬指を4回くっつける）

ゆびさんと ゆびさんと こっつんこ
ウフフ フェヘヘ こっつんこ

（人さし指と人さし指を4回くっつける）
1. （指と指を合わせる×4）（拍手）（拍手）（手合わせ）
2. （指と指を合わせる×4）（拍手）（拍手）（手合わせ）
（小指と小指を4回くっつける）

みんなで いっしょに じゃんけん ぽん！

（中指と中指を4回くっつける）
1. （指と指を合わせる×4）（かいぐり）（じゃんけん）
2. （指と指を合わせる×4）（かいぐり）（じゃんけん）
（親指と小指を4回くっつける）

うちゅうたんけん

輪嶋直幸 作詞

ジングルベルの曲に合わせて、宇宙たんけんに出発したら、カニ星人が出てきました。
さあ、お母さんと、ハナ光線と耳光線でカニ星人をやっつけてください。

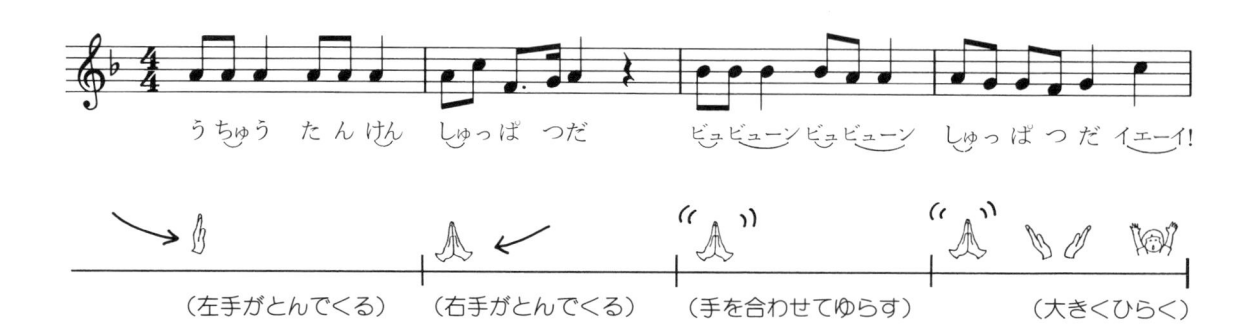

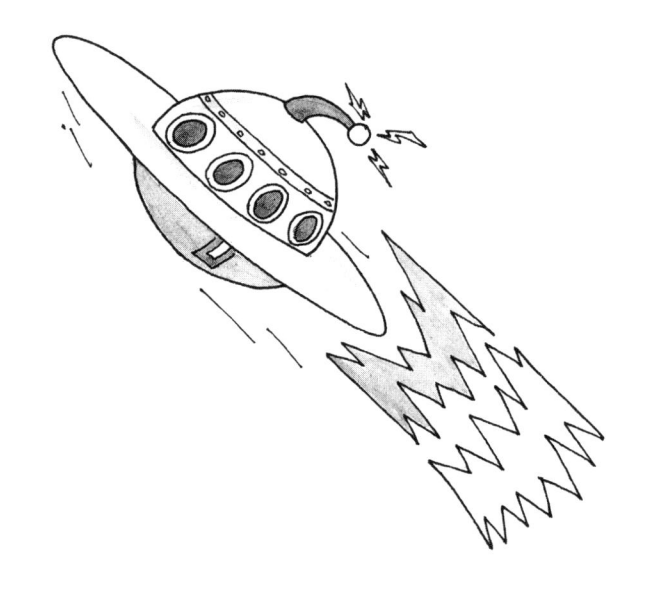

うちゅう たんけん しゅっぱつだ　ビュビューンビュビューン しゅっぱつだ イェーイ!

（左手がとんでくる）　（右手がとんでくる）　（手を合わせてゆらす）　（大きくひらく）

かにせいじんが でてきたぞ　はなはなこうせん みみこうせん シュワッチ

（手を組んで左右に動かす）

1234みんなであそぼう

輪嶋直幸 作詞／石丸由理 編曲

アルプス一万尺の曲に合わせてゆびあそびです。

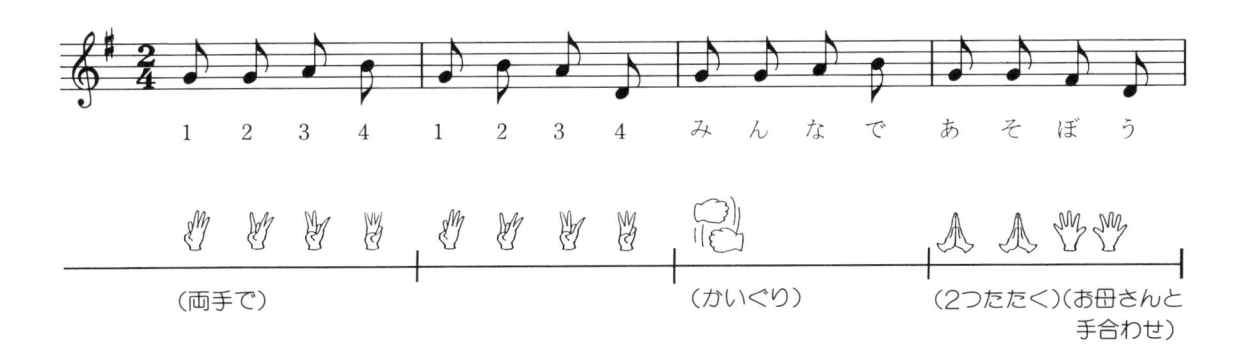

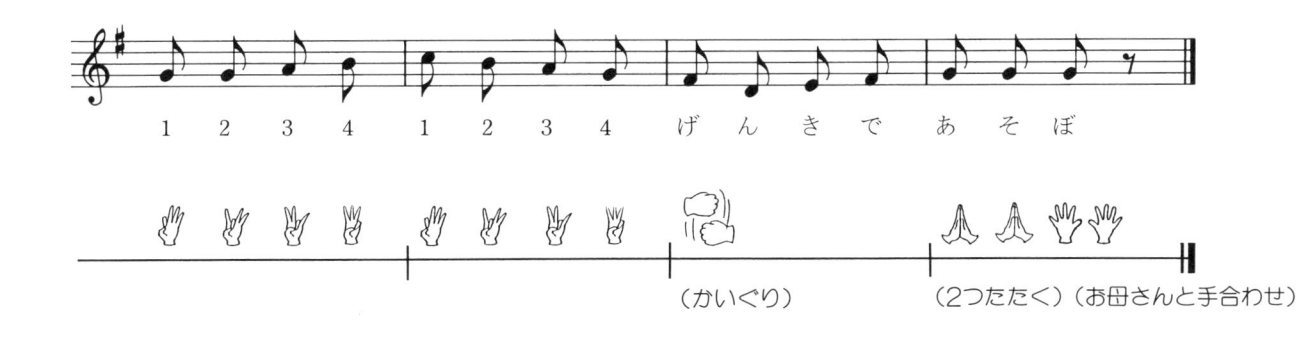

1　2　3　4　1　2　3　4　みんなであそぼう
（両手で）　　　　　　　　　　（かいぐり）　（2つたたく）（お母さんと手合わせ）

1　2　3　4　1　2　3　4　げんきであそぼ
　　　　　　　　　　　　　　　（かいぐり）　（2つたたく）（お母さんと手合わせ）

かいけつパックンチョ

輪嶋直幸 作詞

線路はつづくよどこまでもの曲で、かいけつパックンチョのじゃんけんです。
パーに勝つのはチョキ、チョキに勝つのはグー、グーに勝つのはパーですよ。

パーッ と パッと あ ら わ れ　　グーッ と つ よ い

チョーッ と チョッと お しゃ れ　な　　パ ッ ク ン チョー

1. かっ　て かって かって かっ　て　　パ ッ ク ン チョ
2. ま　け ま け ま け ま　け　　パ ッ ク ン チョ

（左）　（右）　（左）　（右）　（両手で）

1. かっ　て かって かって かっ　て　　パ ッ ク ン チョ
2. ま　け ま け ま け ま　け　　パ ッ ク ン チョ

（左）　（右）　（左）　（右）　（両手で）

＊パーをだしたらそれに勝つものチョキ、グー、パー…とじゅんばんに出します。

なかよしこよし

木村利人 作詞／外国曲

リズムにのってゆびのたいそうです。

1. しあわせならてをたたこう　しあわせならてをたたこう　しあ
2. しあわせならかたたたこう　しあわせならかたたたこう　しあ

（両手をひらく）　（両手1本づつ）　（2回手をたたく）

わせならたいどでしめそうよ　それみんなでてをたたこう
わせならたいどでしめそうよ　それみんなでかたたたこう

パーグー　グーパー　　　　　　　　　　　　　　　（2回手をたたく）

パパといっしょに

輪嶋直幸 作詞／石丸由理 作曲

お父さん指と、赤ちゃん指が上手に体操できますか？

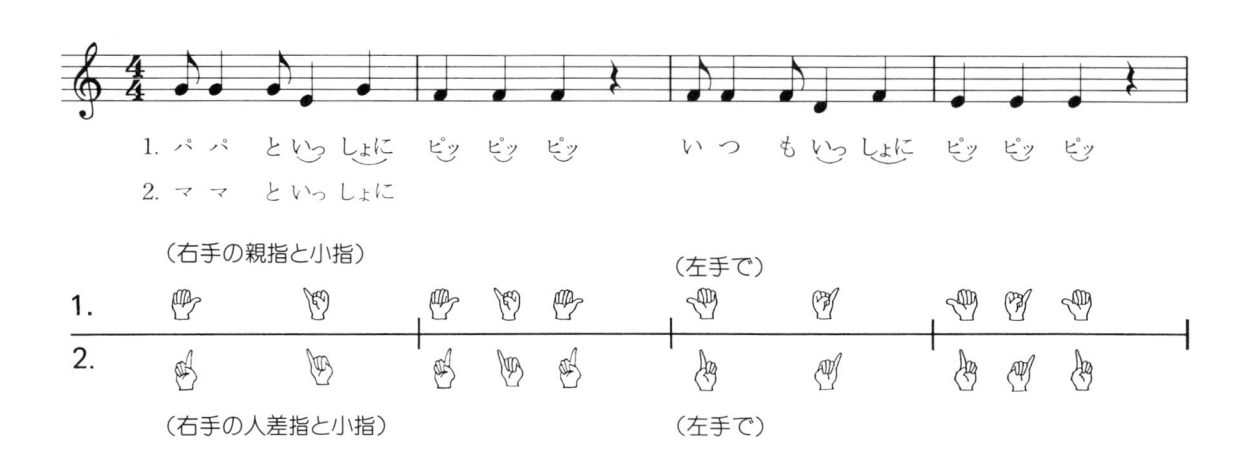

1. パパ と いっしょに ピッ ピッ ピッ　いつ も いっしょに ピッ ピッ ピッ
2. ママ と いっしょに

（右手の親指と小指）　　　　　　　　　（左手で）

（右手の人差指と小指）　　　　　　　（左手で）

か くれんぼ パン パン　か くれんぼ パン パン　とて も なかよし ピッ ピッ ピッ

（両手で）

（両手で）

3. おにいさんと いっしょに……

おやゆび、こゆび

輪嶋直幸 作詞／石丸由理 作曲

おやゆびむしが、にげこんだ！
5本のゆびのたいそうですよ。

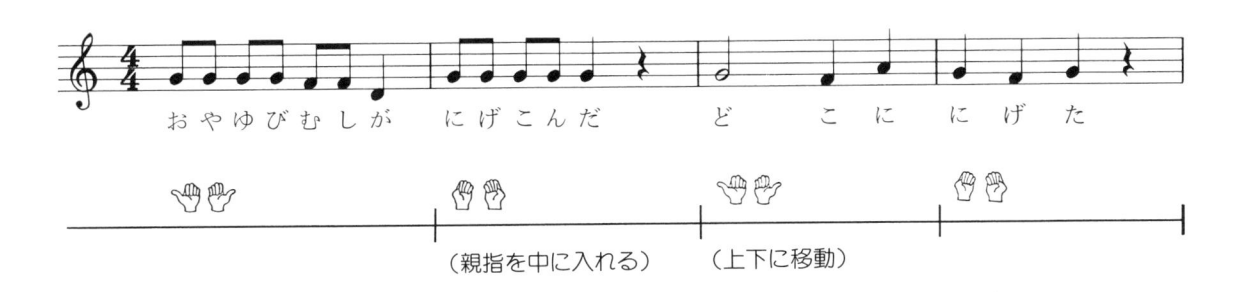

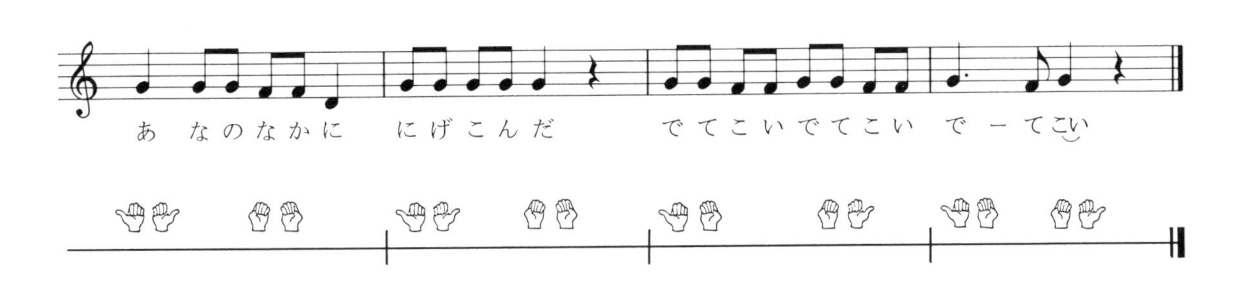

おやゆびむしが　にげこんだ　ど　こ　に　に　げ　た
（親指を中に入れる）（上下に移動）

あ　なのなかに　にげこんだ　でてこいでてこい　で　ーてこい

2：ひとさしゆびが　にげこんだ…

3：なかゆびむしが　にげこんだ…

4：くすりゆびーが　にげこんだ…

5：こゆびむしが　にげこんだ…

○ △ □

輪嶋直幸 作詞／石丸由理 作曲

ボタンかけの指、ひもむすびの指が親指、人差指です。
自分の意志に合わせて動きますか？

これからはじまる　ゆびーのたいそう　1　2　1　2　じゅんび OK!

（4つ手をたたく）（両手をひらいて左右に振る）（親指）（人さし指）

1　2　1　2　おだんご　1　2　1　2　おにぎり

1　2　1　2　おせんべい　それ　ゆびのたいそう　できたかな

かたつむり

輪嶋直幸 作詞／石丸由理 作曲

かたつむりを見つけたら、指の体操をしてみましょう。

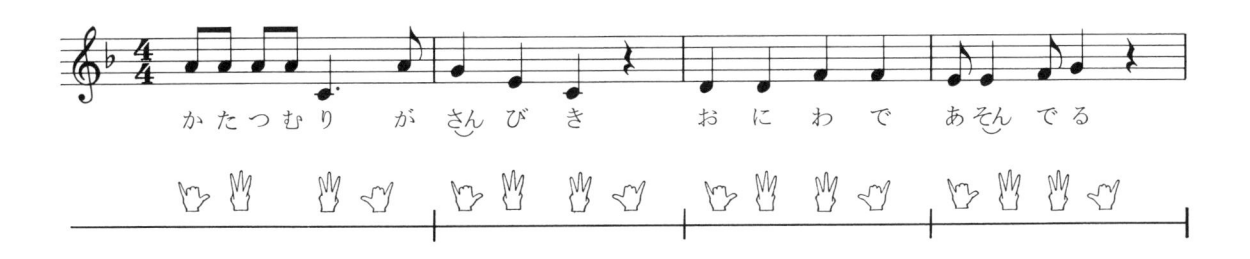

かたつむり が さんびき　おにわで あそんでる

あっちへいったり こっちにきたり　こんがらがって きえちゃった

（人指ゆびを動かして右に）（左に）　（手を組み、手首をまわす）（2つ手をたたく）（両手をひらく）

2と3 あわせていくつ?

輪嶋直幸 作詞／石丸由理 作曲

2と3、あわせていくつ?
右手と左手で、2と3がつくれるかな。

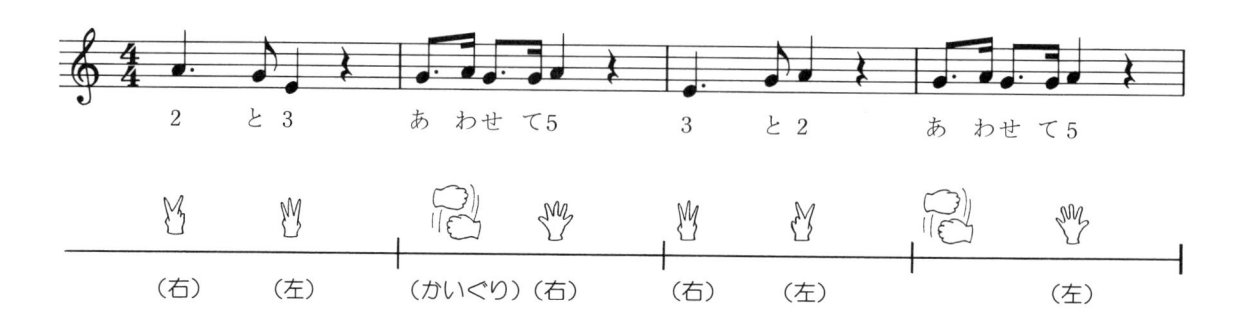

2 と3   あ わ せ て5   3   と2   あ わ せ て5
(右) (左)   (かいぐり)(右)   (右) (左)   (左)

2と3 3と2   2 と3 3と2   あ わ せ て い   く っ
(両手で)   (すきなポーズ又は
                            数を言います)

2：1と4あわせて…などバリエーションを考えましょう。

だすもの なーに?

輪嶋直幸 作詞／石丸由理 作曲

お母さんと、同じもの、お母さんに、勝つもの、お母さんに、負けるもの、
お母さんの、出していないもの……よーく考えて、じゃんけんです。

だせだせグーグー だせだせチョキチョキ だせだせパーパー おんなじポンポン

だせだせグーグー だせだせチョキチョキ だせだせパーパー
1. かつもの ポンポン
2. まけもの ポンポン
3. ないもの ポンポン

親子たいそう

基本運動として、歩く、走る、とぶ、曲げる、ころがる、回る、なげる、捕らえる、ける、はう、よじのぼる、押す、ひく、ぶらさがる、持ち上げる、などがあります。基本運動は、毎日のあそびや生活の中で行われています。
親子でスキンシップをはかりながらバランス能力をつけ、集中力を養いましょう。

8のじまわり

敏捷性(びんしょうせい)（きびんさ）をみてみましょう。
2回まわって何秒かかるかな？

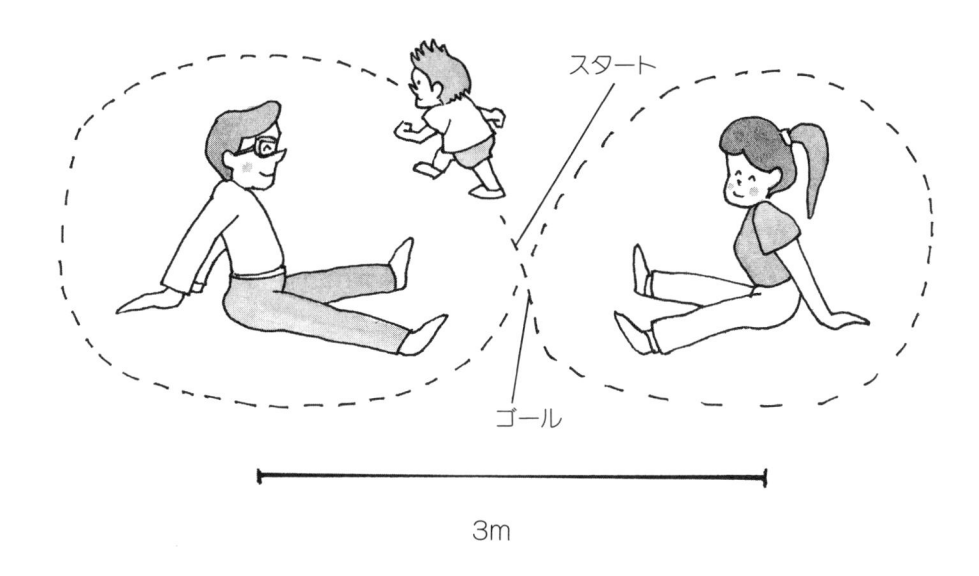

スタートしておとうさんおかあさんで1回、2回まわってゴールです。

＊これは一応の目安です。
  3歳 14秒
  4歳 12秒
  5歳 11秒
  6歳 10秒 ……だといいですね。

親子でケンパ

敏捷性(きびんさ)を育てましょう。

チャレンジ1： 元気にお母さんの足を何回とべるかな？

チャレンジ2： 10秒間で、何回反復飛びができるかな？

＊これは一応の目安です。
- 3歳　　6回
- 4歳　　10回
- 5歳　　14回
- 6歳　　18回　……だといいですね。

調整力とは平衡性(バランス)巧緻性(きようさ)敏捷性(きびんさ)柔軟性(やわらかさ)などで調整し、統御する能力で、神経に密接な関連をもった体力です。

だっこして、コンニチハ

三半規管を刺激して、平衡感覚をつける運動です。
お母さんは脚力と背筋力を強め、こどもはバランス能力もつけましょう。

チャレンジ１：

〈だっこしてコンニチワ〉

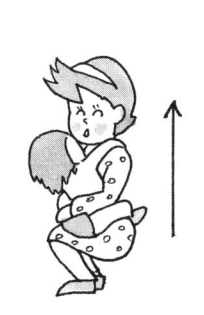

ごあいさつの時は必ず
首の後と腰をおさえましょう。

チャレンジ２：　お母さんは腹筋力を強めこどもはバランス能力もつけましょう。

〈ヒコーキ〉

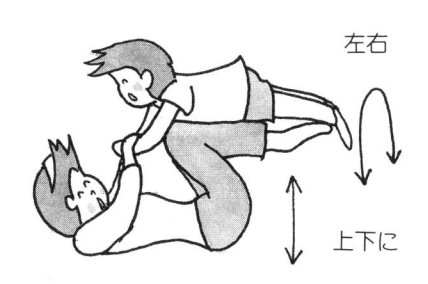

前後に

左右

上下に

113

ひざのおやま

親子でスキンシップをはかりながらバランス能力をつけ、集中力を養いましょう。

チャレンジ１：　　ひざの山に立とう

チャレンジ２：　　２階バスに乗ろう

チャレンジ３：　　背中の山に立とう

降りる時は静かに降りましょう

じぞうたおし

最近の子どもたちは背筋力が弱かったり、悪い姿勢が目立つようになり、側わん症もみられます。全身の筋力を強め、良い姿勢がとれるように体操しましょう。

チャレンジ1：　じぞうたおし

チャレンジ2：　ギッタンバッコン

チャレンジ3：　エレベーター

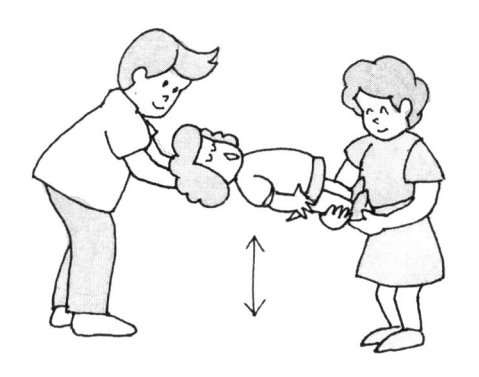

キリンあそび

三半規管を刺激して、平衡感覚をつけたり、車酔いの予防をしましょう。

チャレンジ１：　キリンさん

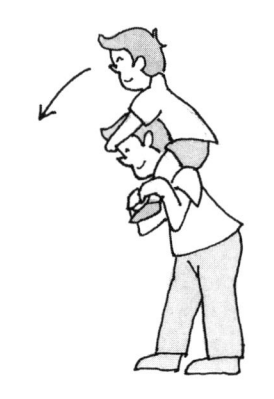

後ろには
やらないように

チャレンジ２：　ゆりかご

大人2人で、子供の手と足を持ち
左右にゆすります。

＊手首と足首はしっかり持ちましょう。

もしもし、とんねるくぐり

柔軟性が身につくと、動きがなめらかになり、むだのないスムーズな動きが出来るようになります。

チャレンジ1：　モシモシ　ハイハイ

手で、足首を回してから耳の所に
お母さんと電話で「モシモシ」……

チャレンジ2：　トンネルくぐり

すばやくトンネルをくぐりましょう。

イ）

ロ）

ハ）

エレベーター

体支持力をつけましょう。筋力をつけるのは、もっと大きくなってからです。でも、転んだとき、自分の体を支える力はつけておきましょう。

チャレンジ１：

〈エレベーター〉

こども

お母さん

チャレンジ２：

〈東京タワー〉

ふみきりあそび

巧緻性（きようさ）を身につけましょう。
とんで　くぐって　1回。それを5回くり返して何秒かかるかな？

チャレンジ1：

チャレンジ2：

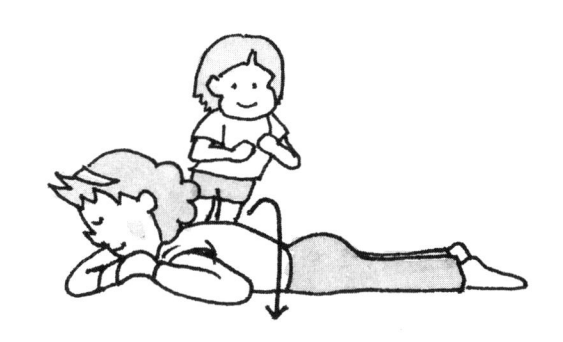

＊これは一応の目安です。
　　　3歳　　35秒
　　　4歳　　25秒
　　　5歳　　20秒
　　　6歳　　15秒　……だといいですね。

― 指導メモ ―

― 指導メモ ―

― 指導メモ ―

― 指導メモ ―

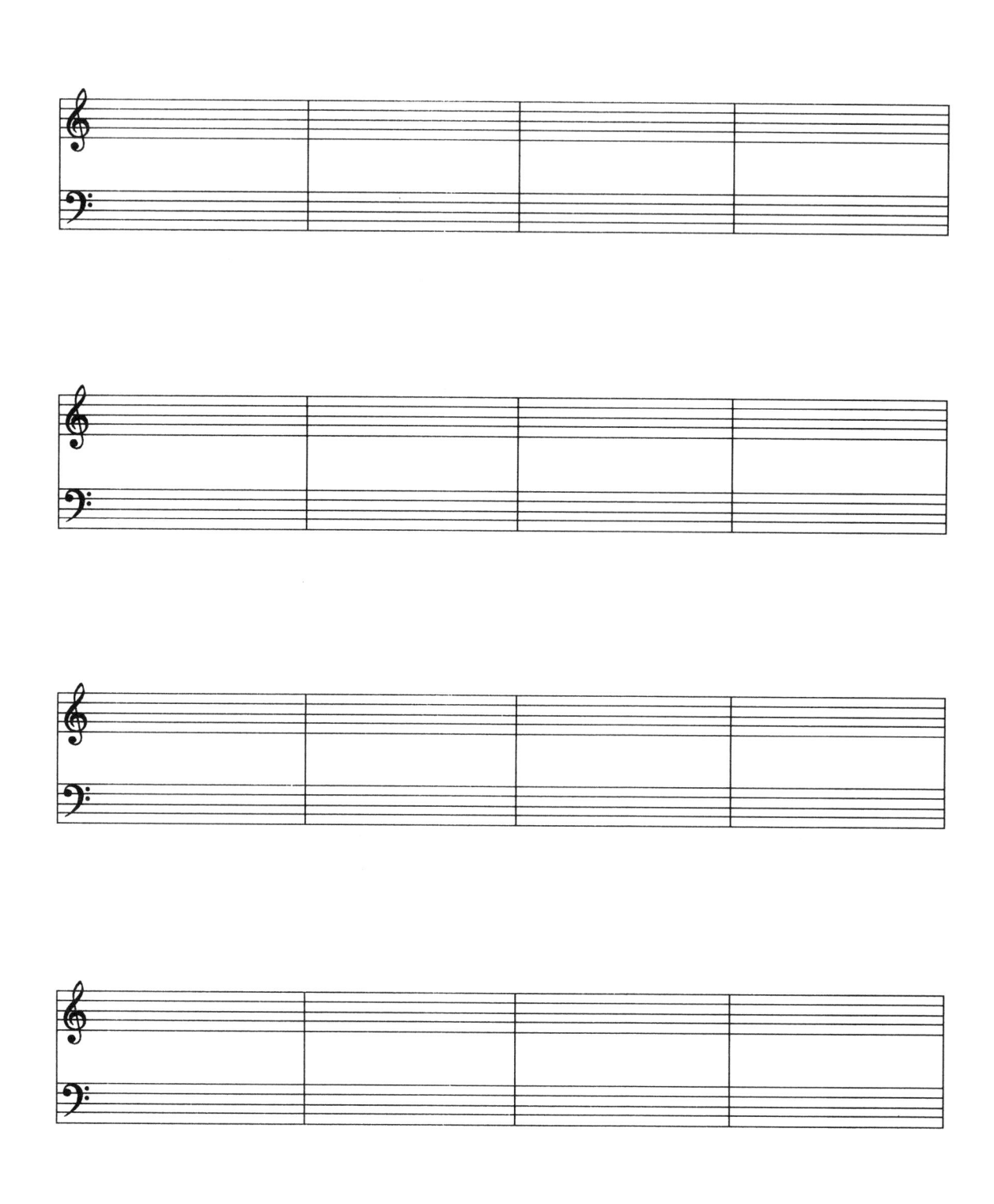

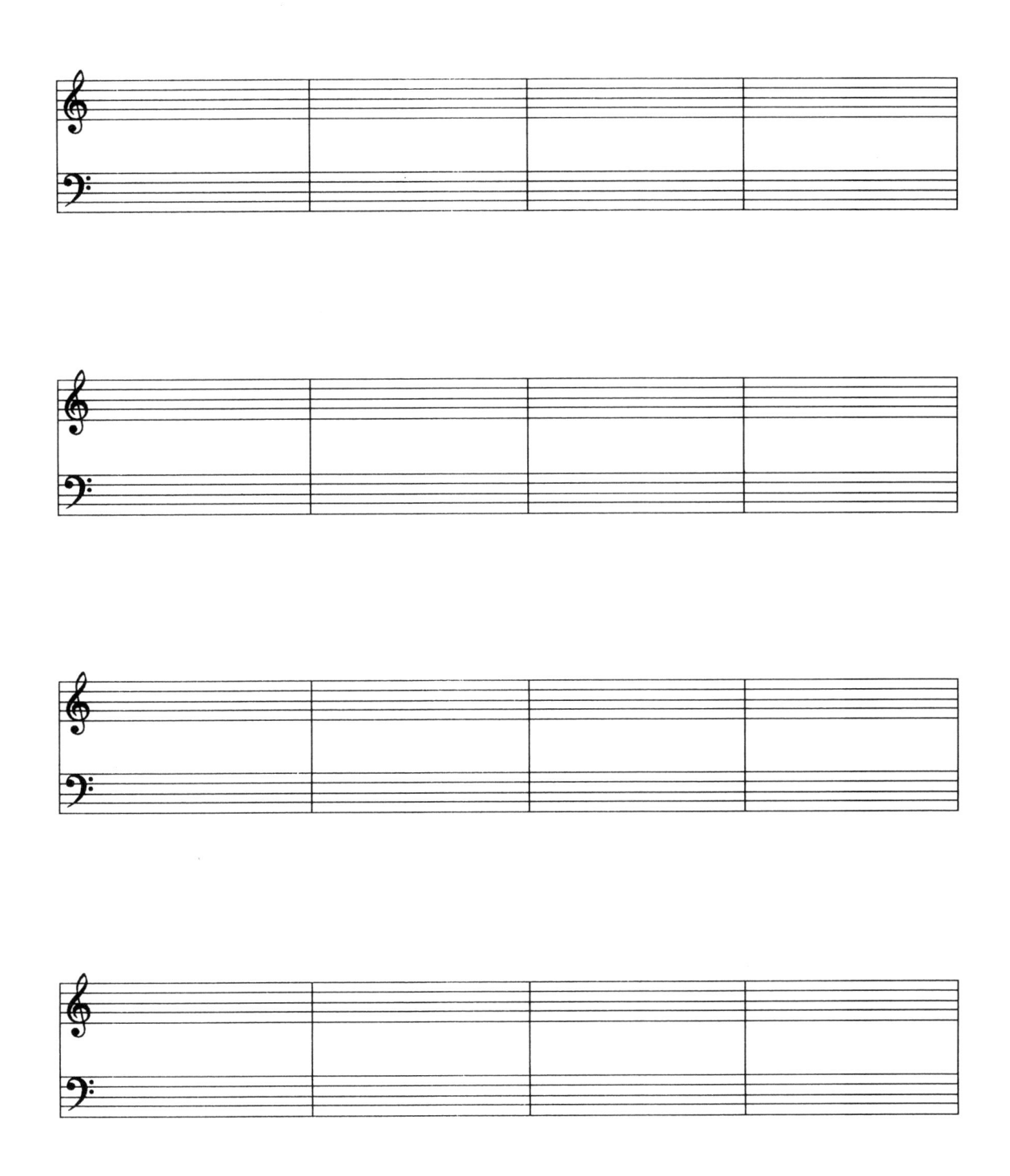

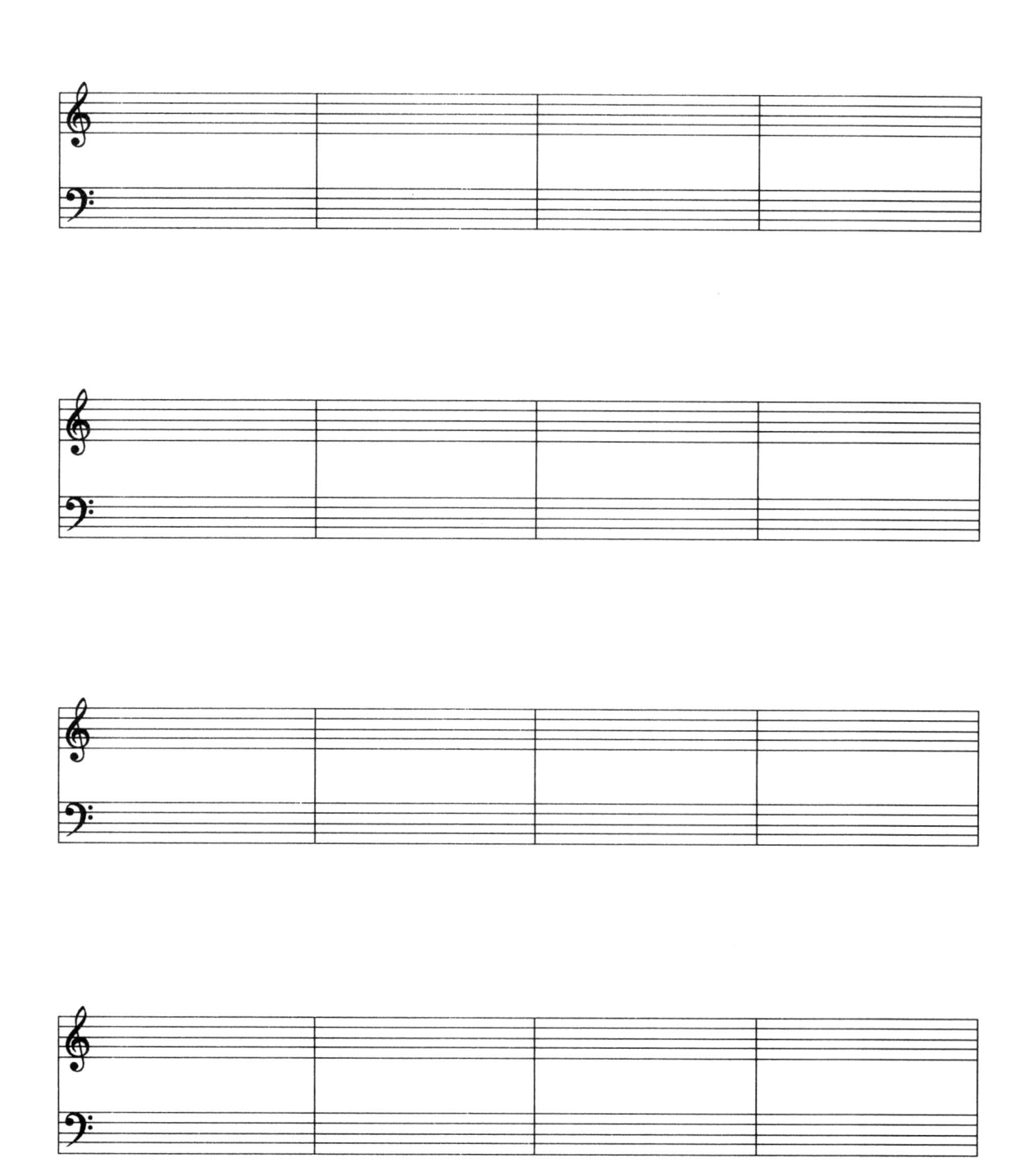

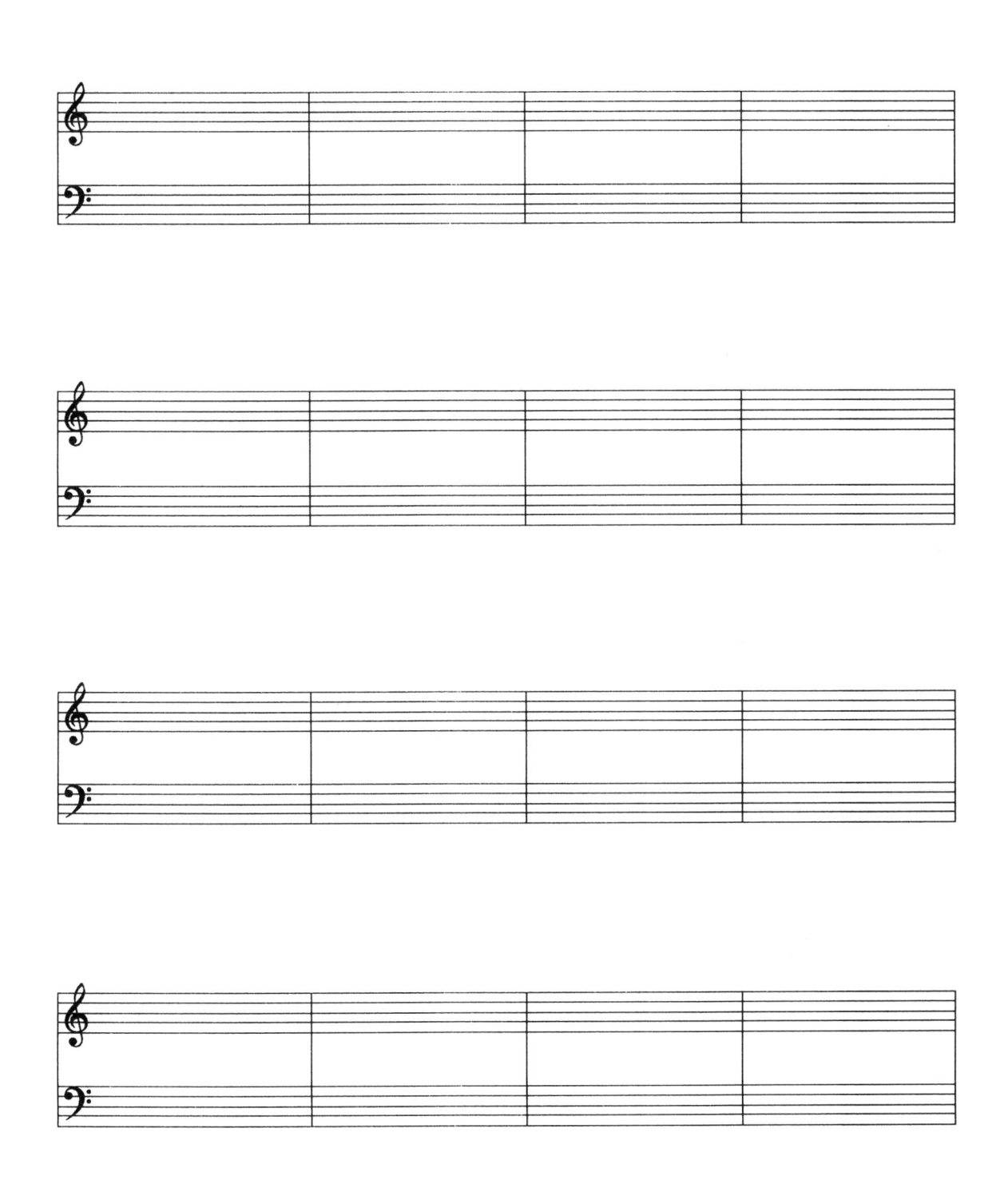

●プロフィール

石丸由理 ── 国立音楽大学卒業
ロンドン・ダルクローズ研究所卒業
LICENTIATE DIPLOMA（リトミック国際免許）取得
ニューヨーク大学大学院卒業 Master of Arts（修士）取得
ユリ・リトミック教室主宰
日本ジャック=ダルクローズ協会会長
NHK教育テレビ小学校低学年音楽番組「ワンツーどん」
「まちかどドレミ」「ドレミノテレビ」等の番組製作スタッフ
NHK学園講師「親子のリトミック」「シルバーピアノ」担当
ドレミ楽譜出版社本社ビルにて、定期的に『リトミック研究会』を開催
ユリ・リトミック教室URL： http://www.yuri-rhythmic.com/

吉田紀子 ── 国立音楽大学卒業
ユリ・リトミック教室講師
NHK学園講師

輪嶋直幸 ── 日本体育大学卒業
NHK「お母さんといっしょ」に出演、以後NHKラジオ、テレビ体操、
クイズ百点満点「満点体操」などに出演。
武蔵野学院大学教授
東京体育専門学校講師
子供の体操教室主宰（スポーツ・ワジマファミリー）

幼児保育教材
ステップ・アップ・リトミック

定価（本体1,600円＋税）

編 著 者	石丸由理（いしまるゆり）・輪嶋直幸（わじまなおゆき）・吉田紀子（よしだのりこ）
本文イラスト	上野新司
表紙デザイン	成田智子
発 行 日	2012年2月20日 初版発行 2018年8月30日 第6刷
発 行 者	山下 浩
発 行 所	株式会社ドレミ楽譜出版社 〒171-0033　東京都豊島区高田3-10-10 4F 営業部　Tel 03-5291-1645 / Fax 03-5291-1646 編集部　Tel 03-3988-6451 / Fax 03-3988-8685 ホームページURL　http://www.doremi.co.jp/ ISBN 978-4-285-13276-2　JASRAC出1200665-806 （許諾番号の対象は、当該出版物中、当協会が許諾できる著作物に限られます。）

● 無断複製、転載を禁じます。　●万一、乱丁や落丁がありました時は当社にてお取り替えいたします。
●本書に対するお問い合わせ、質問等は封書又は〈e-mail〉faq@doremi.co.jp（携帯不可）宛にお願い致します。

皆様へのお願い

楽譜や歌詞・音楽書などの出版物を権利者に無断で複製（コピー）することは、著作権の侵害（私的利用など特別な場合を除く）にあたり、著作権法により罰せられます。また、出版物からの不法なコピーが行われますと、出版社は正常な出版活動が困難となり、ついには皆様方が必要とされるものも出版できなくなります。音楽出版社と日本音楽著作権協会（JASRAC）は、著作権者の権利を守り、なおいっそう優れた作品の出版普及に全力をあげて努力してまいります。どうか不法コピーの防止に、皆様方のご協力をお願い申し上げます。

株式会社　ドレミ楽譜出版社
一般社団法人 日本音楽著作権協会（JASRAC）

弊社出版物のご注文方法
楽器店・書店等の店頭で品切れの場合は直接販売店にご注文下さい。尚、通信販売ご希望の場合は下記にお問い合わせ下さい。
通信販売窓口　●弊社ホームページ http://www.doremi.co.jp/　●弊社営業部 TEL 03-5291-1645